SANGLANTE

INSURRECTION

DES 23, 24, 25, 26 JUIN 1848

OU

NARRATION EXACTE ET AUTHENTIQUE DE TOUS LES ÉVÉNEMENTS

QUI VIENNENT DE S'ACCOMPLIR PENDANT CES QUATRE JOURNÉES

avec le plan d'attaque et de défense

DES INSURGÉS

ET LE NOM DES CHEFS ET PRINCIPAUX MENEURS

TROISIÈME ÉDITION

Revue, corrigée et augmentée

Prix : 30 centimes

PARIS

CHEZ TOUS LES LIBRAIRES

1848

SANGLANTE
INSURRECTION

DES 23, 24, 25 ET 26 JUIN 1848

ou

NARRATION EXACTE ET AUTHENTIQUE DE TOUS LES
ÉVÉNEMENTS QUI VIENNENT DE S'ACCOMPLIR
PENDANT CES QUATRE JOURNÉES

AVEC

LE PLAN D'ATTAQUE ET DE DÉFENSE DES INSURGÉS ET LE NOM
DES CHEFS ET PRINCIPAUX MENEURS.

Les faits qui viennent de s'accomplir sont de ceux que l'histoire enregistre pour la honte des hommes qui ont pu en rêver la réalisation et en préparer l'accomplissement. Ces faits parlent assez haut d'eux-mêmes, et tout commentaire devient inutile.

Une guerre sans nom avait été déclarée à la famille, à la propriété, aux bases les plus solides de la société, au nom même de cette société, qui, deux fois, a pu se sauver seule des attaques insensées et furieuses de ses plus cruels ennemis.

L'or de la trahison a soldé les séides d'utopistes d'autant plus dangereux que c'est au nom de la République qu'ils ont fait arborer le drapeau de la révolte par d'indignes sectaires.

Le sang a coulé au nom de l'humanité, qu'on avilissait dans la personne des fanatiques qui prétendaient à la sainte mission de la sauver.

D'un côté, l'ordre, la liberté, la civilisation, la République honnête, la France ; de l'autre, des barbares, des forcenés sortis de leurs repaires pour le massacre, le pillage, l'incendie, le viol ; des sectateurs odieux de ces doctrines sauvages où la famille n'est qu'un nom, la propriété qu'un vol ; tel est le spectacle que, pendant quatre jours, a offert la métropole du monde civilisé.

Ce sont les actes de dévouement sublime, d'efforts héroïques, de courage admirable de l'armée, de la garde nationale sédentaire et mobile, de tous les citoyens soldats, de tous les soldats citoyens accourus de tous les points de la France pour sauver la patrie, que nous avons recueillis avec la plus scrupuleuse exactitude, afin qu'ils restent comme un témoignage irrécusable de tout ce qu'il y a de grand, de noble, de bon dans cette France qu'on peut calomnier, mais jamais avilir, dont quelques insensés peuvent rêver l'anéantissement, mais qui se relève plus forte et plus grande après chaque attentat dirigé contre elle. C'est aussi le tableau des horreurs et des abominations d'une guerre impie que nous offrons à nos lecteurs. Nous n'avons voulu y mêler aucune réflexion. Nous montrerons les faits dans toute leur hideuse nudité, persuadés que le prestige des mots ne saurait rien ajouter à l'effrayante réalité de faits inqualifiables et dont l'histoire des peuples les plus sauvages offrirait avec peine l'équivalent dans les temps les plus désastreux de la barbarie.

Plan de l'insurrection.

L'émeute s'étendait sur la rive droite depuis le faubourg Poissonnière jusqu'à la Seine, embrassant ainsi le faubourg Saint-Martin, le faubourg du Temple et le faubourg Saint-Antoine; sur la rive gauche, elle occupait les faubourgs Saint-Marcel, Saint-Victor et le bas du quartier Saint-Jacques. Ces deux positions étaient reliées entre elles par l'occupation de plusieurs points, tels que l'église Saint-Gervais, une partie du quartier du Temple, les abords de Notre-Dame et le pont Saint-Michel. L'église Saint-Séverin servait de quartier-général, et le faubourg Saint-Antoine de place d'armes. Ce plan était ingénieusement conçu; car l'insurrection était maîtresse, ainsi, d'un immense demi-cercle qui forme à peu près la moitié de Paris. En cas d'échec, la nature des maisons et le nombre incalculable des rues étroites créaient des difficultés insurmontables aux troupes, et laissaient aux émeutiers des chances certaines de retraite; en cas de succès, il était facile à l'insurrection, en s'avançant un peu, d'occuper les lignes importantes des quais et des boulevards, et elle cernait peu à peu l'Hôtel-de-Ville qui se serait trouvé entouré de tous les côtés; une fois maîtres de la Préfecture, les insurgés y établissaient leur gouvernement.

Les deux attaques engagées simultanément sur les boulevards Saint-Denis et Montmartre, et au Panthéon, devaient s'étendre successivement vers la Seine, et se réunir à l'Hôtel de ville et à la Préfecture de police.

Ce plan, habilement conçu et énergiquement exécuté, a échoué cependant, grâce au courage et au dévouement des gardes nationales et de l'armée, et aux moyens de répression que le général Cavaignac a su prendre avec une énergie et une promptitude au-dessus de tout éloge.

Le général Cavaignac a confié le commandement des forces aux généraux Bedeau, Lamoricière et Damesme, qui devaient agir au centre et aux deux extrémités de l'insurrection, pour en empêcher le développement.

Les premiers coups ont eu lieu aux portes Saint-Denis et Saint-Martin. L'empressement héroïque que la garde nationale a mis à comprimer cette première tentative a eu le plus heureux résultat pour l'ensemble du plan de défense.

Le général Lamoricière s'est aussitôt porté sur ce point et a empêché l'extension de ce foyer d'insurrection. Pendant ce temps, la révolte éclatait vigoureusement dans le quartier Saint-Jacques, où les généraux Bedeau et Damesme agissaient simultanément par la place Cambrai et le pont Saint-Michel.

Dans la soirée du vendredi, le général Bedeau avait dégagé les quais Saint-Michel, du Petit-Pont, et l'entrée des rues Saint-Jacques et de la Harpe. L'insurrection, de ce côté, s'était concentrée dans les environs du Panthéon et dans le quartier Saint-Marceau. C'est en enlevant les dernières positions des insurgés sur ce point que le général Bedeau a été blessé et remplacé par le général Duvivier.

Sur la rive droite, les insurgés tenaient vigoureusement au faubourg Poissonnière, à la Chapelle Saint-Denis et dans toute la partie des boulevards extérieurs qui s'étend de la Chapelle au faubourg Saint-Antoine.

Le général Duvivier, en prenant le commandement, se transporta d'abord à l'Hôtel de ville, qui était le point de mire des insurgés et qui était entouré de tous côtés par l'insurrection. Il fallait s'emparer d'abord des rues adjacentes, depuis la rue Planche-Mibray jusqu'aux rues Rambuteau et de la Tixeranderie ; car de tous côtés le feu éclatait avec une intensité effrayante.

Durant toute la nuit du 23 juin, le feu ne cessa pas sur la place de la Sorbonne, dans la rue des Grès, dans la rue des Mathurins, sur la place Cambrai, et, dès le 24 au matin, la garde mobile reprenait l'offensive dans tous les quartiers.

Vers dix heures, la rue Saint-Jacques fut balayée complétement, et le général Damesme la descendit avec une colonne. En même temps, le lieutenant-colonel Thomas dirigeait tous ses efforts vers le Panthéon, où s'étaient retranchés un grand nombre d'insurgés : toutes les avenues de ce monument étaient barricadées.

Mais la garde nationale mobile ne connaissait plus d'obstacles. Les 1er, 2e, 10e et 16e bataillons de la mobile, deux bataillons des 14e et 24e légers, ainsi qu'un détachement de la garde républicaine, rivalisaient d'ardeur et combattaient autour du Panthéon. Le général Damesme remonta alors la rue Saint-Jacques.

Les barricades qui entouraient la place du Panthéon furent canonnées et enlevées en peu de moments. Cette heureuse réussite est due, en partie, à l'occupation de l'Ecole de Droit, dont s'emparèrent les gardes mobiles, qui dominaient toute la place par leurs feux.

A peine le Panthéon fut-il occupé, que le général Damesme poursuivit les insurgés vers l'Ecole polytechnique tandis que le général Thomas attaquait la barricade de la rue des Fossés-Saint-Jacques, et poussait vers le quartier Mouffetard. Là s'engagea, au coin de la rue Sainte-Geneviève, un combat des plus vifs.

Les insurgés occupaient une terrasse du collége Henri IV et une barricade formidable. Le général Damesme, qui n'avait cessé de faire preuve d'un courage digne du plus grand éloge, et qui se montrait sur tous les points où était le danger, fut dangereusement blessé à cette barricade, et remit le commandement au lieutenant-colonel Thomas.

Cependant l'ordre s'était complétement rétabli dans tout le quartier de la rue Saint-Jacques, de la place Sorbonne et du Panthéon ; des reconnaissances furent poussées jusqu'à la caserne Mouffetard, qui fut occupée non sans peine.

Le combat s'étendait plus à gauche, vers la place Maubert, et cessait au contraire vers le Panthéon.

Le soir du 24, le général Bréa vint prendre le commandement exercé par le brave Damesme ; la nuit fut tranquille. Le 25, le général Bréa fit reconnaître la rue Mouffetard, et désarmer successivement les maisons suspectes ; puis il fit réoccuper la caserne de Lourcine, que l'on avait tenté d'incendier la veille.

En même temps, il confia la mairie du 12e arrondissement au premier bataillon de la mobile, et, se mettant à la tête de deux bataillons d'infanterie de ligne, de deux pièces d'artillerie et de détachements de la mobile, le général Bréa descendit la rue Saint-Jacques, et marcha sur la barrière Fontainebleau, occupée par 2,500 insurgés environ.

Le général Bréa se dirigea vers la barricade, la franchit seul, et parlementa avec les insurgés, qui s'emparèrent de lui et le massacrèrent.

Le lieutenant-colonel Thomas, après deux heures d'attente, apprit l'assassinat de son général.

Sept barricades entouraient la place intérieure et extérieure de la barrière et en faisaient un réduit très-fort ; elles furent canonnées et enlevées, sans que la colonne éprouvât des pertes sensibles. Là, un bataillon de la 1re légion de la garde nationale de Paris, qui s'était joint à cette colonne, fit preuve d'un aplomb et d'un zèle dignes des plus grands éloges. La barrière fut bientôt réoccupée par la troupe, par la mobile, et, grâce aux dispositions prises, l'ordre fut promptement assuré et la nuit fut tranquille.

Dès ce moment, les quartiers Saint-Jacques et Mouffetard étaient au pouvoir de nos troupes : l'insurrection avait été éteinte dans des flots de sang.

Le général Lamoricière avait, de son côté, vigoureusement combattu ; après avoir enlevé les redoutables positions des hauteurs du faubourg Poissonnière, Montmartre et La Chapelle, dès le 25 au soir, il avait fait pendant la nuit des dispositions pour enlever le faubourg du Temple, et opérer ensuite sur le flanc gauche du faubourg Saint-Antoine.

Le 26, au matin, après avoir canonné les premières barricades qui s'élevaient à l'entrée du faubourg, du côté du canal, il les fit emporter à la baïonnette, et s'avança jusqu'au delà de la barrière ; de là, il se rabattit du côté du faubourg Saint-Antoine.

En ce moment, on commençait à parlementer. Cette circonstance empêcha le déploiement de sa colonne, qui devait s'étendre, en faisant un demi-cercle, depuis le canal jusqu'au delà de la barrière du Trône, afin d'attaquer l'insurrection sur le flanc et sur les derrières, et de lui couper toute voie de retraite.

On doit regretter que ce mouvement n'ait pas réussi, car les principaux chefs de l'émeute et un grand nombre d'insurgés n'eussent pu se sauver, comme ils l'ont fait, par ce point.

Tel est l'ensemble général des opérations dirigées par le général Cavaignac, et qui ont enfin réussi à comprimer la plus terrible, la plus dangereuse insurrection qui ait jamais éclaté dans Paris.

Les rues de Paris ont un aspect sinistre et désert comme celui d'une ville morte. Tous les hommes sont au combat, toutes les femmes aux fenêtres ou sur les portes, cherchant quelque nouvelle. Au bruit de la mitraille qui, de minute en minute, déchire l'air, toute cette population tressaille ; chaque femme se demande si c'est là le coup qui vient de lui ôter un mari, un fils, un ami. Sur les différents théâtres de la lutte, on n'entend ni cris d'enthousiasme, ni cris de guerre. Nous renonçons à rendre l'impression que produit cette scène de désolation universelle. On a la mort dans le cœur avant de la recevoir dans la poitrine.

Quel spectacle étrange et terrible, quel enseignement pour les chefs des États, que ces milliers de citoyens qui s'entr'égorgent en poussant le même cri d'amour : Fraternité ! le même cri de guerre : Liberté ! le même cri de ralliement : Vive la République !

Barricade de la Porte-Saint-Denis.

Vers neuf heures du matin, le 23 juin, une cinquantaine d'hommes en blouse avaient commencé à former une barricade, porte Saint-Denis. Un omnibus et quelques haquets de porteurs d'eau avaient servi à barrer la voie publique, et, derrrière cet abri, la rue avait été dépavée.

Une bande de 200 individus parcourut la rue Beauregard en criant : Aux armes ! on égorge nos frères ! alors que pas un coup de feu n'avait été tiré, et qu'eux seuls semaient l'alarme. Plusieurs d'entre eux portaient des fusils ; d'autres étaient armés de pistolets, de sabres ou de barres de fer. Ils s'efforçaient évidemment de jeter le tumulte dans le quartier, et d'entraîner dans leurs rangs la population ouvrière. Ils réussirent, quant à la première partie de leur tâche : les boutiques se fermèrent sur leur passage, mais les ouvriers n'accueillaient en général leurs invitations à la violence, qu'avec des marques d'incrédulité, ou qu'en leur montrant les insignes de la garde nationale, qu'ils étaient allés revêtir au premier signal.

Après avoir traversé ainsi quelques rues, les agitateurs se replièrent sur la porte Saint-Denis. Il paraît qu'ils envahirent la maison où se trouve l'établissement du gantier Jouvin, et dont le rez-de-chaussé est occupé par la boutique d'un marchand de vin signalée, lors des émeutes de la porte Saint-Denis, comme l'un des lieux de rendez-vous des agents du désordre.

Cependant le rappel était battu dans les rues voisines. Les tambours étaient escortés, selon l'usage. Une faible escouade de la garde nationale, composée de trente hommes, tout au plus, accompagnait quatre tambours ; à la vue de la barricade, ils s'avancèrent, l'arme au bras, en faisant signe de ne pas tirer, et en criant que de leur côté ils ne feraient pas feu. Quand ils furent à quelques pas de la barricade, ils furent assaillis par des coups de feu partant de derrière les voitures. Au même instant une décharge les prit en flanc ; elle partait de la maison dont les insurgés s'étaient emparés. Une dizaine de gardes nationaux tombèrent victimes de leur dévoûment et de leur confiance. Leurs camarades durent se retirer.

Au bruit de la fusillade, une centaine de gardes nationaux accoururent spontanément pour prendre part à la lutte. Ils s'avancèrent bravement, mais en désordre, sur la barricade. Ils y furent accueillis par des décharges bien nourries. Ils ripostèrent, mais ils tiraient sur des hommes abrités derrière la barricade et dans les embrasures des fenêtres, et ils recevaient en pleine poitrine la fusillade de leurs adversaires. Ils n'étaient pas d'ailleurs assez nombreux pour venir à bout de leur entreprise. Les émeutiers, sentant la supériorité de leurs forces, sortirent de la barricade, et des maisons voisines, se jetèrent, au nombre de deux ou trois cents, sur les quatre-vingts gardes nationaux, pris entre plusieurs feux, et qui n'avaient pas eu le temps de former leurs rangs. Ces derniers furent contraints de se disperser, en laissant sur le pavé une dizaine de cadavres.

Mais au même instant, arrive en bon ordre un bataillon de la 2ᵉ légion de la garde nationale. Ces braves n'avaient pas d'ordres ; mais les corps de leurs frères étaient gisants sous leurs yeux ; le feu des insurgés continuait. Ils prirent leur parti en gens de cœur. Se déployant par rang, et se présentant à découvert aux balles de l'émeute, ils engagèrent vigoureusement des feux de peloton. On vit bientôt se dégarnir les rangs des insurgés qui gardaient la barricade. Plusieurs gardes nationaux furent tués ou dangereusement blessés. Parmi les premiers se trouvait un ouvrier en costume de travail.

Un fort détachement d'infanterie vint les soutenir. L'action des assaillants devint plus énergique, et bientôt les gardes nationaux et les soldats de la ligne, croisant la baïonnette, enlevèrent la barricade, pénétrèrent dans la maison où s'étaient retranchés les émeutiers et en dispersèrent les défenseurs.

En même temps venaient des forces considérables. Une forte colonne, sous le commandement de M. le général Lamoricière, se dirigeait à marche forcée le long du boulevard. Elle se composait d'un bataillon du 14ᵉ de ligne, d'un bataillon de garde mobile, d'un escadron de lanciers.

La lutte était terminée ; mais la victoire avait été chèrement achetée. On ramassa les corps de trente gardes nationaux environ. Les restes mortels de ces valeureux soldats de l'ordre et de la liberté furent emportés sur des civières. Ce cortége funèbre se mit en marche sur le boulevard. C'est avec la plus profonde émotion qu'on voyait passer les cadavres de ces pères de famille, tombés martyrs de la cause de la civilisation et de la société.

Cependant, la générale battait dans toutes les rues du quartier. En l'absence d'ordres émanés des pouvoirs officiels, les gardes nationaux avec cet admirable esprit d'initiative dont ils ont donné tant de preuves dans ces temps critiques, organisaient eux-mêmes la défense et la police de la voie publique. Des détachements se plaçaient à l'encoignure des rues. On y empêchait la formation des groupes, et l'on interdisait la circulation à toutes les personnes que leurs intérêts ou leurs affaires n'appelaient pas dans le quartier. Chaque passant était conduit jusqu'à son domicile par un garde national. Ce service fait avec intelligence et fermeté a pour but d'empêcher la construction des barricades. On ne saurait trop donner d'éloges aux gardes nationaux qui l'ont continué avec un zèle infatigable, en dépit des torrents de pluie qui sont tombés vers cinq heures.

Après l'attaque de la barricade de la porte Saint-Denis, et pendant que l'on était occupé à la détruire, M. Bertin, ancien notaire, a été atteint d'une balle dans l'aine. La blessure paraît très-dangereuse. Au même moment, un garde national a été tué raide par une balle au front.

Parmi les gardes nationaux tués dans l'attaque de cette barricade, on cite M. Avrial, banquier.

M. Thayer, chef de bataillon de la 2e légion, a été blessé au pied.

Barricades du faubourg Poissonnière.

Un combat terrible a été livré rue du Faubourg-Poissonnière, entre trois et quatre heures du soir. Une première barricade avait été élevée à la hauteur de la rue Richer. Les révoltés ne l'ont point défendue ; ils ont préféré concentrer leurs forces derrière une autre barricade, très-forte, qu'ils avaient formée en travers de la rue du Faubourg-Poissonnière, au-dessus de la caserne, au point où aboutissent les rues de Bellefond et Lafayette.

Ils s'étaient en outre, emparés de ces deux rues, ils étaient entrés de force dans les maisons de la rue de Bellefond. Leur nombre était considérable, ils avaient des armes et obéissaient avec régularité aux ordres d'un individu revêtu du costume d'officier de la garde nationale.

La garde mobile est arrivée la première, et elle a occupé la largeur de la rue. Bientôt le 7e léger, suivi d'un nombreux détachement de garde nationale sédentaire s'est présenté. L'officier supérieur qui commandait la ligne, s'est placé, avec les soldats sous ses ordres, en tête de la troupe d'attaque. La garde mobile venait après, puis la garde nationale.

Les sommations ont été faites inutilement, et aussitôt l'engagement a commencé. Il a duré plus de vingt minutes. Aux décharges régulières de l'armée, les émeutiers répondaient par des feux dirigés non-seulement de la barricade, mais encore des rues de Bellefond et Lafayette. Enfin ils ont été contraints de fuir, mais non sans avoir fait éprouver les pertes les plus douloureuses aux braves défenseurs de l'ordre et de la liberté. Un officier supérieur de la garde nationale a été blessé ; on l'a emporté sur une civière. Plusieurs gardes nationaux, un assez grand nombre d'hommes de l'armée et de la garde mobile sont tombés. Le combat s'est prolongé dans la rue Lafayette ; on y a fait beaucoup d'arrestations, ainsi que dans la rue de Bellefond. Des barricades formées avec des planches, des voitures renversées barrent encore, à six heures du soir, les rues des Petits-Hôtels, des Jardins, du Faubourg-Poissonnière et Rochechouart, aux environs de la barrière ; mais elles ne paraissent pas défendues. La caserne de la rue du Faubourg-Poissonnière a servi d'asile provisoire pour les blessés. La troupe de ligne, vaillamment secondée par les soldats de la garde mobile et de la garde nationale, a fait noblement son devoir.

Les insurgés de la barrière Poissonnière ont lancé, à l'aide d'une pompe à incendie, des liquides inflammables sur les maisons qui avoisinaient leurs barricades. La pompe dont ils se sont servis a été prise par eux dans les ateliers de M. Cavé.

Le capitaine Barbet a tué d'un coup de pistolet le chef de la barricade du clos Saint-Lazare, le sieur Laroque, rédacteur du *Père Duchêne*; son corps a été déposé à la mairie d'un arrondissement.

Ce même capitaine ayant demandé au général la permission de prendre six hommes de bonne volonté, s'élança avec eux sur la barricade et s'en rendit maître le premier.

On voyait une pompe saisie dans les barricades de la barrière Roche-chouart. Le réservoir de cette pompe était de vitriol. A côté se trouvaient quinze grandes bouteilles de ferblanc contenant de l'essence de térébenthine, destinée à incendier les maisons.

Parmi les épisodes qui ont marqué l'attaque du clos Saint-Lazare, qui a duré plus de vingt-quatre heures, on doit signaler la défense de la barrière Poissonnière par le deuxième bataillon de la 1re légion, samedi dernier.

C'est à quatre heures que, soutenues par une batterie d'artillerie, cinq compagnies de ce bataillon arrivèrent sous le feu des insurgés qui occupaient encore une barricade en deçà de la barrière. Deux coups de canon firent reculer les assaillants; après quoi la 1re légion se précipita avec tant d'impétuosité sous le feu de l'ennemi, que la batterie fut laissée en arrière et paralysée.

L'exemple fut noblement donné par les officiers de la sixième compagnie, qui arriva la première à la barricade, précédée du lieutenant Rattier, suivi de très-près par le capitaine Lanjuinais et par les lieutenants Baudin, le Bourdais et Dumont. Ces braves, escortés de quinze à vingt hommes, entamèrent au pied de la barricade le feu qui fut soutenu pendant quatre heures et demie par le deuxième bataillon. Le commandant Roger, de la 2e légion, contribua à l'action avec une valeur presque imprudente, ainsi qu'un volontaire, qui, sans autre arme que sa canne et en habit bourgeois, semblait se jouer des périls qu'il excitait à braver. Ce bourgeois était le général Moline de St-Yon.

Les nombreuses pertes de la sixième compagnie n'attestent que trop la part qu'elle a prise à cette affaire. Parmi les victimes, nous citons officiellement M. Thouin et le caporal Charre, tués dès le début; puis MM. Kosminski, polonais, et Franssnet, frappés chacun d'une balle dans la poitrine; ils respirent encore, MM. Boyer, Haugou, Bourgeois, Carré, Delaup et Rémusat fils, ont en outre reçu d'assez graves blessures. La sixième compagnie a vu tomber dans ses rangs deux artilleurs, un garde mobile et un garde républicain qui avaient pris place au milieu d'elle.

On ne s'est rendu maître du clos Saint-Lazare qu'après deux jours d'un siége qui pouvait durer plus longtemps encore, car les positions des insurgés semblaient imprenables. Ils étaient très-peu nombreux, mais embusqués derrière des barricades formées avec d'énormes pierres de taille, et que le canon même ne pouvait ébranler. Ils se sont ensuite réfugiés dans des bâtiments d'où ils tiraient impunément sur les assiégeants.

Quelques-uns d'entre eux occupaient aussi des maisons environnantes, particulièrement à l'extrémité de la rue Pétrelle. Ceux-ci étaient armés de fusils à vent; on entendait siffler les balles sans entendre partir le coup. On a fait la même remarque dans une foule de quartiers, et particulièrement autour de l'Hôtel de ville.

—

Voici des détails sur le combat du clos Saint-Lazarre. C'est là et dans les environs qu'a eu lieu l'engagement le plus opiniâtre, sinon le plus meurtrier, il a duré trois jours et une partie de la journée du lundi.

Du haut des buttes Montmartre, on pouvait voir quelques épisodes de ce long combat.

Ce clos, qui est fort vaste, s'appuie d'un côté à la barrière Saint-Denis et à l'embarcadère du Nord, et de l'autre à la barrière Poissonnière et Rochechouart. Toutes ces barrières étaient fortifiées, et, de plus, des barricades situées à deux cents pas des grilles en défendaient l'approche.

A trois heures, vendredi, 500 hommes environ du 7ᵉ de ligne arrivent au pas de course dans le faubourg Poissonnière, et se trouvent au coin de la rue Bellefond en face d'une barricade. On crie : Vive la ligne! Les chefs montent sur la barricade pour parlementer. Des poignées de main sont échangées, lorsque, par suite d'un malentendu ou d'une trahison, une décharge est faite sur la ligne, et trente hommes restent sur le pavé. Le 7ᵉ se replie aussitôt à droite vers la rue Lafayette, et essuie le feu inattendu d'une barricade qu'il enlève sans perdre beaucoup de monde. Il se dirige ensuite vers le faubourg Saint-Denis. Après avoir successivement enlevé une dizaine de barricades, il est arrêté par celle qui était placée à deux cents pas de la barrière Saint-Denis, près l'usine Cavé. Les insurgés tiraient sur la troupe du haut des maisons et des fenêtres de l'hospice en construction au milieu du clos Saint-Lazare.

Ce feu de tirailleurs dura jusqu'au samedi. La ligne et la garde mobile pratiquèrent des trous dans les murs du clos Saint-Lazare qui bordent la rue des Abattoirs, et délogèrent peu à peu les combattants qui étaient éparpillés dans le clos et qui tiraient blottis derrière des pierres de taille ; un renfort avait pénétré dans l'embarcadère du chemin de fer du Nord et mêlait son feu avec celui des tirailleurs de la rue des Abattoirs.

Les assaillants, maîtres du clos Saint-Lazare, se précipitèrent au nombre d'une centaine, vers l'hospice dit autrefois Louis-Philippe, pour y prendre position; quand ils traversèrent, on vit tomber les blessés et les morts sous le feu des fenêtres voisines de la barrière Poissonnière. Le feu des tirailleurs recommença des deux côtés.

Cependant, le 7ᵉ, qui s'était arrêté devant la barricade Cavé, reçut une pièce de canon dès le samedi. On la fit jouer contre une barricade, malgré les coups de fusil partant de quelques fenêtres à droite et qui inquiétaient la batterie. On ne tarda pas à s'emparer de la barricade ; mais restait celle de la barrière Saint-Denis.

Le canon fut dirigé sur le pavillon de l'octroi, tandis que des soldats du septième, placés dans un terrain avoisinant la barrière, et bien avant la batterie, faisaient sur les insurgés un feu oblique à gauche, pendant que d'autres militaires, postés au rez-de-chaussée des maisons, dont ils avaient fait enfoncer les devantures par les sapeurs-pompiers, croisaient leur feu avec celui de leurs camarades placés en face. Tout à coup le canon cesse, et semble abandonner l'attaque de ce côté. La pièce de canon est amenée rue des Abattoirs : là s'en trouvait une seconde qui tirait depuis la veille contre le pavillon de la barrière Rochechouart. Ces deux pièces réunissent leur feu contre le même but. Les boulets venaient frapper sur la grille de la barrière, ou perçaient le mur en pierre tendre du pavillon. Quelques boulets, mal dirigés, allaient par moment jeter l'épouvante dans les maisons du boulevard extérieur faisant face à la batterie.

Les insurgés, montés aux étages supérieurs des maisons et même sur les toits, répondaient au feu venant de l'hospice et harcelaient la batterie de la rue des Abattoirs. D'un côté, d'autres insurgés tiraient sur les artilleurs des maisons situées auprès de l'église de Saint-Vincent-de-Paule. D'un autre côté, la mobile et la troupe, placées à des balcons et sur la tour de droite de l'église, cherchaient à tenir en respect ceux qui prenaient les artilleurs par derrière. On remarquait à un balcon une femme qui tirait des coups de fusil au fur et à mesure qu'on lui faisait passer les armes que des gardes nationaux chargeaient dans l'intérieur de l'appartement.

C'était un triste spectacle de voir à ses pieds ce combat acharné, tandis que le canon résonnait vers l'Hôtel-de-Ville, la Bastille, la place Maubert, à en juger par la sinistre fumée qui s'élevait au-dessus des toits un instant après la détonation.

Dans la journée de samedi, vers le soir, un magnifique arc-en-ciel, qui embrassait exactement l'espace de la lutte depuis le clos Saint-Lazare jusqu'à la Bastille, apparut dans les airs comme une dérision du symbole de la paix et de la concorde. La pluie, qui tombait par intervalles, ne ralentissait pas le combat.

Il devenait fort difficile de s'emparer des trois barrières qui, depuis plusieurs jours, occupaient la petite armée sous les ordres de M. le général Lebreton. Ayant reçu du renfort le dimanche vers quatre heures, le général résolut d'attaquer simultanément les trois barrières. On les avait d'abord attaquées successivement, ce qui était une faute, car les insurgés se portaient en force sur les endroits compromis et dégarnissaient les points où le feu avait cessé.

M. le général Lebreton recommanda aux assaillants de faire d'abord un feu peu nourri, mais éparpillé sur l'espace entre le faubourg Saint-Denis et la rue Rochechouart. Tout à coup, vers les cinq heures du soir, le dimanche, les troupes, la mobile, les gardes nationaux d'Amiens et de Rouen se présentent inopinément aux grilles des barrières Poissonnière et Rochechouart, et font une première décharge qui met le trouble parmi les insurgés ; des feux de pelotons sont tirés avec vigueur, et, après plusieurs assauts, on passe enfin par une brèche à la barrière Poissonnière, et par-dessus le mur d'enceinte de la barrière Rochechouart ; les insurgés, pris en flanc, sont dispersés. Quant à la barrière de la Chapelle, elle venait d'être prise par le 7e de ligne, qui passa par la brèche. Il ne trouva pas de combattants à ce poste ; ils s'étaient tous portés aux barrières Poissonnière et Rochechouart.

Beaucoup de personnes ne concevaient pas qu'on n'eût point eu l'idée de tourner les insurgés par Clignancourt et la plaine Saint-Denis. Cette tentative fut faite samedi matin ; mais les batteries ne purent point passer, et d'ailleurs on craignait que la garde nationale de Montmartre ne se mît, comme celle de la Chapelle, du côté des insurgés, chose à laquelle elle ne songeait certes pas.

Il a été commis au combat du clos Saint-Lazare peu de ces actes atroces qui révoltent l'humanité. Il faut avouer qu'il en a été commis dans les deux camps et dire (car pourquoi n'être pas juste envers les vaincus)? que les insurgés ont désarmé beaucoup de mobiles, de gardes nationaux et de soldats du 23e léger qu'ils ont renvoyés sains et saufs, tandis que quelques-uns des vainqueurs fusillaient au fur et à mesure beaucoup d'insurgés pris dans les maisons situées à gauche du faubourg Saint-Denis, entre la barricade Cavé et la barrière.

Au clos Saint-Lazare, la garde mobile a été fort maltraitée ; on sait qu'elle se compose d'enfants de Paris de 14 à 20 ans. Un homme tirait depuis longtemps des coups de fusil par une large meurtrière du mur d'enceinte dans le clos, d'où la garde mobile répondait. Il vise un mobile ; ses yeux se couvrent d'un nuage, il a reconnu son fils ! Frappé de stupéfaction, il retire son doigt et subit le feu de son fils qui le manque. L'insurgé alors, n'osant pas avouer la découverte qu'il vient de faire, tant la haine était puissante contre la garde mobile, décharge son fusil au hasard et abandonne le combat.

Lundi soir, du côté de la campagne, qui longe le cimetière Montmartre, on apercevait, par un endroit où le mur a une brèche, des gardes nationaux en armes et des groupes de curieux. Des cris de désespoir se font entendre. C'était un garde national qui, examinant d'un œil égaré tous les cadavres qu'on entassait dans une immense fosse, venait de reconnaître son frère, garde national comme lui, au moment où le fossoyeur le tirait par les pieds de la voiture-tapissière sur laquelle les cadavres étaient entassés : « Voila celui que je cherchais ! s'écrie le frère désespéré. » Il se jette sur le cadavre ; on le lui arrache, et on le dépose dans un terrain réservé.

On se hâtait de recouvrir de terre la fosse où les cadavres étaient placés par rangées, car la nuit approchait, et on voulait aussi en finir avec l'émotion que cette inhumation causait. A ce moment, on entend un bruit confus et lointain ; bientôt on distingue des chants et des cris d'enthousiasme. C'étaient des sapeurs-pompiers de la banlieue qui passaient derrière le mur. Quelques minutes après, nous les aperçûmes se diriger vers le chemin de Saint-Ouen, et toujours avec les mêmes cris d'allégresse, comme si la victoire eût été remportée sur les Russes ou les Prussiens ! Les malheureux ! ils n'avaient pas vu plus de 500 cadavres qu'on venait de jeter dans la fosse ! Sans cela, auraient-ils chanté la victoire du deuil ?

Barricades de la Villette.

JOURNÉE DU 26 JUIN.

Le 26 juin, six compagnies de la 3ᵉ légion, à midi, sous les ordres du brave commandant Dubochet, se rendirent à la Villette, où s'étaient concentrés les derniers foyers de l'insurrection ; à l'arrivée du bataillon, hors des murs d'enceinte, on pouvait entendre une légère fusillade engagée entre les insurgés et les braves gardes nationales d'Amiens et de Rouen, qui, depuis leur arrivée à Paris, avaient constammeut suivi ces insurgés dans leurs derniers retranchements.

La tête du bataillon s'arrêta bientôt en parlementaire, à distance d'une première barricade ; tandis que la septième compagnie, qui se trouvait à l'arrière, et que commandaient les capitaines Leboucher et Picard, reçut l'ordre de faire face en tête ; on disposa à l'avant quelques éclaireurs, les meilleurs tireurs, dirigés par les indications éclairées de l'officier d'état-major Croulebois. A son arrivée par la rue de Flandres, la petite colonne put apercevoir la première barricade, composée de charrettes et de tombereaux ; elle n'était point défendue ; mais de nombreux insurgés se montraient à une deuxième barricade beaucoup plus élevée et formée de pavés ; un tombereau la surmontait et au-dessus flottait un drapeau ; la sixième compagnie arriva au pas de course. Alors deux gardes mobiles, un sergent de la garde nationale d'Amiens, un garde à cheval, cinq gardes nationaux, et un sous-lieutenant, M. Resons, de la septième compagnie, se glissèrent en éclaireurs le long des maisons, et, profitant des anfractuosités des portes cochères et de celles des chantiers, arrivèrent à petite portée de fusil de la barricade ; ils virent bientôt un homme placé en vedette à la lucarne d'une maison élevée, faisant des signaux aux insurgés, et paraissant les engager du geste à venir en plus grand nombre défendre la position. Le son d'une cloche vint se joindre à cet appel. Un coup de fusil fut envoyé à cet insurgé, ce fut le signal du combat ; la fusillade s'engagea ; la barricade fut enlevée à la course, escaladée en un clin d'œil, et le brave garde national Vergne s'empara du drapeau. Les insurgés, étonnés de cette audace, s'enfuirent, abandonnant leurs armes ; ils perdirent trois hommes à cette attaque. plusieurs autres furent blessés ; un seul fait prisonnier. Deux autres barricades, également défendues, se trouvaient à petites distances : elles furent à leur tour emportées. Le garde national Alexandre Ed. emporta le drapeau de la seconde ; celui de la troisième fut pris par l'ouvrier Louis Guérin, tous deux de la septième compagnie. Ce fut sur cette dernière que fut blessé de trois chevrotines au bras le sergent Ogier.

Les autres forces débouchèrent bientôt par d'autres rues, et ainsi se trouva prise cette formidable position des barricades de la Villette, élevée contre les grilles jusqu'à leur sommet. De nombreuses arrestations eurent lieu dans les bâtiments de l'octroi, dans les postes qu'occupaient les insurgés et dans les maisons environnantes. Beaucoup de ces hommes étaient noirs de poudre, d'autres étaient ivres ; des centaines de fusils chargés de balles mâchées, de lingots de plomb, de chevrotines, furent trouvés abandonnés. La place ne fut quitte que la nuit-

A dix heures du soir le bataillon rentrait dans Paris, rapportant ses nombreux trophées, aux acclamations de la population entière.

Barricades Ménilmontant.

Depuis vendredi soir, Belleville se trouvait bloqué par les insurgés, lorsque, dimanche matin, une troupe de 300 individus est venue désarmer le poste de la mairie. Ils ont immédiatement établi un autre poste, chassé le maire et ses adjoints, et ont investi l'un d'eux des fonctions municipales. Le nouveau maire a fait battre la générale par les tambours de la garde nationale, qu'ils avaient eu le soin de faire accompagner par une centaine d'hommes en blouse, appelant aux armes et aux barricades les citoyens, en les menaçant, s'ils refusaient d'obéir, de se porter contre eux aux dernières violences. Malgré leurs menaces, ils n'ont pas trouvé d'appui parmi les habitants. Voyant qu'ils ne pouvaient rien obtenir, ils prirent le parti d'élever eux-mêmes des barricades ; en effet, ils les ont multipliées sur toute la ligne de la rue de Paris aux fortifications de Romainville. Une des plus importantes était construite à l'entrée de la rue Pyat et de la rue Saint-Laurent, faisant face à la barrière de Belleville, une autre avait été élevée en face de la mairie, mais elle n'était que d'une force secondaire, et par cela même peu en état d'arrêter une attaque sérieuse. La construction des autres barricades sur les derrières avait pour principal but de se garantir d'une attaque de cavalerie ou de troupes légères venant de Bondy ou de Vincennes par le chemin de Romainville. La prévision d'une attaque de ce côté, paraissait leur causer de vives inquiétudes, car ils craignaient, à chaque instant, d'être tournés par les troupes et bloqués sans pouvoir se ménager de retraite. Ils sont restés jusqu'au lundi dans cette position. Dans la matinée du lundi, la défaite de l'insurrection au faubourg Saint-Antoine et au clos Saint-Lazare, amena dans leurs rangs des défections ; on en vit remonter la chaussée de Ménilmontant, et celle de la barrière de Belleville, pour aller chercher un asile et cacher leurs armes dans les campagnes. Au même moment, les habitants de Ménilmontant, des Trois-Couronnes, de Belleville, et de toutes les parties dépendantes de ces communes, exposés aux attaques dirigées contre les insurgés, abandonnaient leurs demeures, en entraînant avec eux leurs femmes et leurs enfants, et en emportant leur linge, leurs vivres, pour aller s'établir dans la campagne, avec l'espoir de rentrer bientôt dans leurs domiciles.

Cet heureux moment ne se fit pas attendre longtemps pour eux, car, entre cinq et six heures du soir, les barricades fortes et faibles furent enlevées et, par une poursuite vigoureuse, la garde nationale, la garde mobile et les troupes, aidées de l'artillerie, mirent les insurgés dans une débandade complète.

La barricade la mieux faite et la mieux défendue, était située dans le faubourg du Temple, au coin de la rue Saint-Maur ; voyant que l'on perdait beaucoup de monde pour s'emparer de cette barricade, on a eu recours, pendant la nuit, à la sape. Cette opération s'est trouvée terminée vers trois heures et demie du matin, et c'est ainsi qu'on a ouvert une voie souterraine par laquelle, à quatre heures du matin, les troupes chargées de l'attaque, ont pu se répandre dans la rue.

Leur apparition a ébranlé le moral des insurgés ; l'attaque a été promptement couronnée de succès, les troupes ont pu continuer d'avancer sur le chemin qui conduit à la chaussée de Belleville, pendant que les troupes qui s'étaient emparées de la barrière Ménilmontant, poussaient en avant et faisaient prisonniers les insurgés.

Entre six et sept heures, les troupes, la garde nationale, sédentaire et mobile, occupaient entièrement Belleville, où elles ont été reçues par les habitants avec enthousiasme. La garde nationale a pris immédiatement son service, et a recueilli une grande partie des armes que les insurgés avaient abandonnées en se sauvant.

Mardi, dès huit heures du matin, on procéda, tant à Belleville que dans le faubourg du Temple, au désarmement général des individus qui ne sont pas incorporés ou qui n'ont pas répondu aux appels faits à la garde nationale.

Le 25 au soir, le général Lamoricière se rendit sur le lieu du combat et arriva à l'entrée de la rue du faubourg. Les balles parties des barricades élevées de l'autre côté du canal sillonnaient toute l'étendue de la rue et allaient porter la mort jusqu'au boulevard. Les troupes étaient rangées des deux côtés et n'osaient s'engager dans le faubourg du Temple.

Le général, après s'être avancé suivi d'un seul aide de camp jusqu'à l'entrée de la rue, examina longtemps sous une pluie de balles la position des insurgés, et fit des dispositions pour les enlever le lendemain au point du jour. Toutefois, il s'agissait de se rapprocher du pont tournant jeté sur le canal, afin d'être plus à portée de canonner les barricades. A cet effet, il fit réunir une grande quantité de balles de laine, qui, superposées, permirent aux troupes de s'avancer et servirent de rempart pour les bivouacs de nuit.

Le lendemain, à trois heures du matin, l'attaque des barricades commença. Après quelques coups de canon, le général Lamoricière, qui avait hâte d'abréger la lutte, ordonna l'attaque à la baïonnette. Les têtes de colonnes se formèrent. Elles étaient composées du 29e de ligne, du 20e bataillon de la garde mobile et du quatrième bataillon de la 1re légion. Les deux premières barricades furent enlevées sans de trop grandes pertes ; mais la troisième, celle qui avait été dressée à la hauteur de la rue Saint-Maur, arrêta longtemps les colonnes et coûta la vie à plus de 60 hommes. C'est là que fut mortellement frappé le commandant du quatrième bataillon de la 1re légion, M. Dussié, qui s'était avancé un des premiers pour l'escalader ; c'est là aussi que périt le commandant Mocé du 29e de ligne.

Une fois maître de ce formidable rempart, le général Lamoricière porta sa colonne vers la barrière et fit braquer son artillerie dans la rue Saint-Maur, de manière à prendre en écharpe la barricade de Ménilmontant. L'effet de cette heureuse manœuvre d'artillerie fut rapide et décisif ; en peu d'instants toute la partie qui s'étend des barrières de la Courtille et de Ménilmontant jusqu'au canal fut dégagée complètement.

On a présenté au général Cavaignac, qui se trouvait au palais de l'Assemblée, le jeune Martin (Hyacinthe) de Paris, garde mobile, 13e bataillon, cinquième compagnie, demeurant ci-devant rue du Roi-de-Sicile, et qui, après avoir cinq fois monté à la barricade de la rue Ménilmontant, était parvenu la sixième fois, en poignardant l'insurgé qui défendait le drapeau, à enlever de la barricade ce drapeau teint du sang de ses frères. Le général Cavaignac l'a pris dans ses bras, l'a embrassé, et lui a posé sur la poitrine sa propre croix d'honneur.

En la recevant, Martin s'est écrié : « Oh ! comme mon père va être content ! » Il pleurait de joie, et ceux qui assistaient à cette scène touchante avaient eux-mêmes les yeux baignés de larmes.

Martin a dix-huit ans à peine ; il est blond, d'une figure féminine. Les troupes qui stationnent dans le jardin de la présidence sont plusieurs fois venues sous la croisée du général pour réclamer la présence du jeune Martin, qui s'est montré à ses camarades de l'armée et de la garde nationale.

Il recevait leurs applaudissements, mêlés au son du tambour, avec une joie enfantine. Le général Cavaignac l'a retenu à dîner avec lui à la présidence.

Martin a montré une bravoure et un courage admirables depuis deux jours dans tous les engagements où il s'est trouvé. D'ailleurs, les rapports qui parviennent au président de l'Assemblée et au chef du pouvoir exécutif sont pleins de traits d'héroïsme.

Le quartier de l'Hôtel-de-Ville a presque autant souffert que le quartier Saint-Antoine. On sait que les insurgés s'étaient emparés de la mairie du 8e arrondissement. Les barricades étaient énormes et reliées entre elles par des chemins souterrains à travers les maisons. On a trouvé dans ces maisons un nombre considérable de fusils et d'armes de toute espèce.

Dimanche, vers l'heure de l'après-midi, un détachement de la garde nationale se porta vers la rue de l'Ave-Maria et enleva la barricade qui s'y trouvait.

Un garde fut détaché pour demander du renfort, afin de ne pas laisser un poste important sous la défense d'un petit nombre d'hommes : il s'adressa au général Négrier, qui lui donna des volgiteurs du 28e de ligne.

Vers trois heures, les voltigeurs et les gardes nationaux s'emparèrent de l'Arsenal, visitèrent les maisons du quartier et firent prisonniers sept insurgés armés.

150 kilogrammes de balles fondues, du soufre, du plomb, un mortier et un pilon tombèrent en leur pouvoir. Ils prirent aussi des provisions de bouche.

Tandis que ces opérations s'accomplissaient, le général Négrier déboucha avec des troupes par le côté du Grenier d'Abondance, et fit braquer une pièce de canon de la place de l'Arsenal sur les maisons en face, le long des fossés de la Bastille.

De trois à six heures, le feu le plus meurtrier ne cessa pas de part et d'autre. A six heures vingt minutes, le général Négrier tombait mort sur la place; le nombre des morts et des blessés ne s'élevait pas à moins de quarante. M. Charbonnel, représentant du peuple, était au nombre des derniers.

Le corps du général fut transporté à l'Hôtel-de-Ville par des gardes nationaux, sous la conduite d'un représentant du peuple, qui avait assisté à ce triste spectacle.

Le théâtre de la lutte dans le quartier compris entre l'Hôtel-de-Ville et l'église Saint-Paul, présente l'aspect d'une ville qui aurait essuyé les horreurs d'un long bombardement. Les boutiques, les appartements sont dévastés ; il ne reste, pour ainsi dire, pas de carreaux aux fenêtres. De tous côtés, ce sont des traces sanglantes.

La rue du Pourtour-Saint-Gervais a beaucoup souffert, les maisons sont criblées de balles. Mais c'est surtout de la place Baudoyer en remontant la rue Saint-Antoine, qu'un spectacle affreux frappe les regards. Les maisons rue Saint-Antoine, 27 et 29, à l'angle de la rue Cloche-Perce, le commerce de vin de Delalonde, le café Momus, la boutique du coiffeur Girard, le café Louis, no 50, la maison du *Paradis-des-Dames*, no 81, la maison Bonnet, marchand de vin, à l'angle de la rue Casse-Tête, sont les unes presque démolies et criblées de boulets, les autres criblées de balles et de biscaïens.

Tous les acacias, à l'entrée de la rue Saint-Antoine, près la place de la Bastille, ont été coupés par les boulets.

A l'entrée du faubourg Saint-Antoine, la maison de la Petite-Jardinière, établissement rival de la Belle-Jardinière, a encore plus souffert que cette dernière ; elle a été incendiée par les obus, ainsi que le café voisin, à l'entrée de la rue de la Roquette, et s'est affaissée en décombres. A trois heures, les pompiers éteignaient le feu. La maison Pepin, la maison formant les angles de la rue de Charenton, ont été criblées par les batteries établies à l'angle de la place près des ateliers des frères Chevalier. Des pans de mur ont été abattus.

On a saisi dans le faubourg des quantités d'armes énormes. Dans le nombre se trouvent des candélabres de fonte que l'on avait essayé de convertir en canons ; de petits canons de fonte et de cuivre qui paraissent très-anciens ; des marteaux d'enclume, enfin des armes de toute sorte. Il paraît certain, du reste, que dans le faubourg Saint-Denis les insurgés avaient fondu des espèces de mortiers, au moyen desquels ils ont pu lancer plusieurs volées de mitraille.

On a fait beaucoup d'arrestations dans le faubourg, mais un certain nombre d'insurgés ont pu s'échapper et se sont dirigés vers la barrière de Charonne et celle de Ménilmontant.

Vers deux heures et demie, au moment où l'on croyait tout terminé, et alors que l'artillerie de la place de la Bastille s'en retournait au camp du général Lamoricière, établi sur le boulevard du Temple, une fusillade s'est fait entendre dans la direction de Ménilmontant ; tout aussitôt la force armée s'est remise partout sur le qui vive. La générale a été battue. Le général Lamoricière est arrivé au grand galop sur le boulevard des Filles-du-Calvaire, où il a rencontré des officiers de la garde nationale et un élève de l'Ecole normale, qui lui ont annoncé qu'une partie des insurgés venait de prendre la barrière de Ménilmontant et de s'y poster ; c'est là que la fusillade avait eu lieu. Le général a donné immédiatement l'ordre d'envoyer du canon à cette barrière, de l'infanterie et de la cavalerie. La barrière fut bientôt reprise.

Barricades du faubourg Saint-Antoine.

Dans la nuit du vendredi au samedi, le tocsin n'a pas cessé de sonner dans les diverses églises du faubourg Saint-Antoine et d'appeler les ouvriers aux armes.

Une immense barricade ferme l'entrée du faubourg ; quatre autres se dressaient en arrière presque aussi formidables, et espacées jusqu'au-delà de la rue de Reuilly. Dans cette rue, on avait aussi élevé une barricade à la même place où déjà, au 24 février, on en avait construit une, pour favoriser la prise de la caserne.

Cette caserne n'était occupée que par 60 ou 80 hommes sous le commandement de deux capitaines. Les insurgés ne paraissaient pas, samedi matin, songer à s'en emparer. Ils avaient porté la majeure partie de leurs forces à la première barricade du côté de la Bastille. On nous assure que, samedi soir, un détachement de la garnison de Vincennes est venu en aide aux hommes de la caserne, et qu'ils se sont retirés avec le détachement dans la forteresse.

Quelques coups de feu se sont fait entendre pendant la nuit ; ce n'est que le matin, à trois heures, que la fusillade a commencé à s'engager assez vivement. Bientôt le canon a grondé ; mais on sait que la journée d'hier s'est terminée sans que la position ait été sérieusement attaquée.

Sur les quatre heures, tout le monde était sur pied dans le quartier, les insurgés étaient montés chez les citoyens, les forcer de se lever et de leur livrer fusils et munitions. Mais il paraît que les cartouches manquaient ; ils n'avaient guère en moyenne que cinq ou six coups à tirer chacun.

Les insurgés tenaient tout le faubourg Saint-Antoine, depuis la barricade qui gardait l'entrée du faubourg sur la place de la Bastille ; les deux barricades qui bouchaient le boulevard et la rue Saint-Antoine étaient au pouvoir de la ligne, de la mobile et de l'artillerie. Le général commandant a laissé aux insurgés jusqu'à dix heures pour se décider à se rendre à discrétion.

A dix heures, un garde mobile s'avance vers la barricade du faubourg, porteur d'une dernière sommation ; voyant revenir le jeune garde sans une réponse satisfaisante, tous les officiers et soldats qui stationnaient, à la faveur de l'armistice, au pied de la colonne de Juillet, se retirent précipitamment derrière la barricade en bois qui masque l'artillerie tout en travers de la place.

Le feu commence des deux côtés avec une grande intensité. A cette terrible attaque succède une trève de quelques minutes, les insurgés envoient un des leurs avec un drapeau de paix, demandant à se rendre, à la seule condition de n'être pas faits prisonniers. Comme cette condition n'est pas acceptée, le combat reprend toute son intensité ; au bout d'un quart d'heure, la première barricade est abandonnée par les ouvriers ; la garde mobile et la ligne s'avancent au pas de charge, et au milieu du feu qui part encore des fenêtres, elle atteint la cinquième barricade, sur laquelle le nommé Ingold, du huitième bataillon, quatrième compagnie, enlève le drapeau de l'insurrection ; on ouvre un passage à l'artillerie, cinq pièces entrent dans le faubourg, où la lutte se prolonge en s'éloignant. De nombreux prisonniers sont amenés par les gardes mobiles et nationaux ; ce sont pour la plupart des ouvriers profondément marqués par la misère et la souffrance ; plusieurs sont horriblement blessés.

Le 26, le jeune sous-lieutenant Prevost, après avoir, près de la Bastille, sauté l'un des premiers par dessus quatre à cinq barricades, dit au général qui commandait la colonne: « Voici un drapeau, il me le faut ! » et s'élançant au pas de course en criant : en avant ! il alla arracher le drapeau et essuya plus de cent coups de fusils. Il a eu le bonheur de n'avoir pas été atteint et de précipiter de cette manière l'enlèvement de cette barricade qui était très-meurtrière.

Il est allé présenter le drapeau au président de l'Assemblée nationale.

Voici l'appel aux armes que les insurgés avaient fait afficher sur les murs du faubourg Saint-Antoine :

« AUX ARMES !

« Nous voulons la République démocratique et sociale !

« Nous voulons la souveraineté du peuple !

« Tous les citoyens d'une République ne doivent et ne peuvent vouloir autre chose.

« Pour défendre cette République, il faut le concours de tous. Les nombreux démocrates qui ont compris cette nécessité sont déjà descendus dans la rue depuis deux jours.

« Cette sainte cause compte déjà beaucoup de victimes ; nous sommes tous résolus à venger ces nobles martyrs ou à mourir.

« Alerte ! citoyens ! que pas un seul de nous ne manque à cet appel.

« En défendant la République, nous défendons la propriété.

« Si une obstination aveugle vous trouvait indifférents devant tant de sang répandu, nous mourrons tous *sous les décombres incendiés du faubourg Saint-Antoine !*

« Pensez à vos femmes, à vos enfants. vous viendrez à nous ! »

On comptait soixante-cinq barricades à partir de la barrière du Trône jusqu'à l'entrée du faubourg Saint-Antoine. Les obus de l'artillerie ont incendié complètement deux maisons. On lisait sur les volets des magasins de la rue du Faubourg-Saint-Antoine, en caractères écrits à la craie : « Mort aux pillards ! »

Trois représentants, les citoyens Larabit, Druay-Desvaux et Galy-Cazalat s'étaient rendus sur la place de la Bastille, et là, en présence de quelques délégués des insurgés, ils certifiaient l'exactitude des proclamations signées du général Cavaignac. Pour que leur déclaration eût plus d'effet sur les insurgés, il fut reconnu qu'il convenait mieux qu'elle fût renouvelée auprès de

la barricade. Les hésitations que cette résolution soulevait dans l'esprit de
es représentants, furent levées par la démarche de M. l'archevêque de Paris, qui s'acheminait, accompagné d'un vicaire, vers les insurgés. Les représentants crurent devoir ne pas laisser seuls les deux ecclésiastiques, et ils
les accompagnèrent à la barricade. L'archevêque de Paris eut l'imprudence
d'aller se placer de l'autre côté de la barricade, où les représentants se trouvèrent encore entraînés à le suivre. Le feu s'engagea à ce moment, et M. l'archevêque de Paris fut blessé.

Alors les insurgés entraînèrent les trois représentants et les déposèrent
chez un menuisier, où, sauf quelques incidents individuels, ils devinrent
l'objet de traitements convenables. Vers dix heures du soir, M. Larabit quitta
ses deux collègues, et accompagna les parlementaires à la présidence.
MM. Galy-Cazalat et Druay-Desvaux passèrent la nuit au poste de Montreuil.

Maintenant, voici comment ils ont été délivrés. Quand l'attaque sérieuse
du faubourg a commencé, les insurgés ont compris la nécessité, sinon de se
rendre à discrétion, du moins de se ménager une capitulation ; et les deux
représentants à la tête de quelques parlementaires se sont placés au milieu
des deux feux. C'est à la cinquième barricade que la troupe se trouva face à
face avec les deux représentants, qui, on le devine, sans plus d'explications,
se sont jetés dans ses rangs et ont, avec elle, enlevé toutes les barricades
élevées de là jusqu'à la barrière du Trône. A leur retour, les barricades
avaient été détruites comme par enchantement, et les pavés remis en place,
le canon circulait librement sur la chaussée. La population était à ses portes,
l'air joyeux ; et certes, à une demi-heure de distance, on avait peine à reconnaître cette ligne si formidablement fortifiée, et qu'ils venaient de parcourir
jusqu'à la barrière.

Voici les détails authentiques sur la mission que M. l'archevêque de Paris
s'est efforcé de remplir auprès des insurgés.

Le prélat s'est acheminé hier au soir, accompagné de deux vicaires-généraux, par la rue Saint-Antoine, à la place de la Bastille, où le combat restait
engagé. L'accueil qu'il avait reçu en se rendant à l'hôtel de la présidence,
chez le général Cavaignac, n'avait été que le prélude de celui qui l'attendait
dans ces lieux encore pleins des émotions qu'y avait excitées le combat. On
exaltait sa résolution, on l'environnait, on se précipitait à genoux ; citoyens,
soldats, hommes, femmes, tout le monde était unanime à bénir l'envoyé de
Dieu et à implorer ses propres bénédictions. Quelques-uns seulement, plus
prudents, lui représentaient le danger, sans doute stérile, qu'il allait courir.
Il répondait : « C'est mon devoir de donner ma vie, » et on l'entendait souvent se répéter : *Bonus autem pastor dat vitam suam pro ovibus suis.*

Cependant il entrait çà et là dans les ambulances, bénissant et absolvant
les blessés.

Arrivé vers le lieu du combat, qui était alors extrêmement vif, il chercha à
s'aboucher avec le colonel qui commandait à la place du général tué ; il demanda s'il n'était pas possible que le feu cessât quelques instants ; il espérait
qu'il y aurait alors pareille suspension de l'autre côté, et qu'à l'aide de cette
trève momentanée, il parviendrait à se faire reconnaître et à engager des
pourparlers.

Le colonel, qui ne pouvait assez louer l'intention de l'archevêque, se rendit
à ses instances ; et ce que le prélat avait espéré, se réalisa. Le feu s'arrêta
presque simultanément dans les deux camps. Les insurgés se montrèrent au-
dessus de leur barricade, la première et la principale du faubourg ; plusieurs
élevèrent même en l'air la crosse de leurs fusils. On put croire qu'on avait
beaucoup gagné et que la paix allait se conclure.

L'archevêque s'avançait vers la barricade avec ses deux grands-vicaires,
MM. Jacquemet et Ravinet. Un seul homme, vêtu d'une blouse, le précédait,

portant une branche d'arbre à la main, en signe de conciliation. Les insurgés, de leur côté, descendaient de leur barricade, les uns plus pacifiques, les autres la menace dans les traits et dans la bouche. Par un zèle que l'on comprend, les combattants du côté de l'ordre ne purent se résoudre à voir ainsi l'archevêque s'exposer à la colère d'hommes qui, dans la journée même, avaient égorgé des parlementaires. Ils oublièrent la prière qui leur avait été faite par le prélat, et se rapprochèrent de lui ; les combattants se trouvèrent ainsi face à face. Des reproches, des menaces furent échangés ; il y eut même des prises de corps dont les ecclésiastiques durent conjurer les suites au nom de la religion, au nom du pontife qui venait pour faire cesser l'effusion du sang, pour sauver ceux qui avaient pris les armes, pour sauver leurs femmes et leurs enfants.

Pendant ces altercations qui retardaient l'accomplissement de la sainte mission qui devait pourtant se consommer, un coup de fusil partit, on ne sait de quel côté, ni si ce fut par accident ou avec intention. A l'instant, les cris : Trahison ! trahison ! s'élèvent de toutes parts ; les combattants se retirent, et la fusillade s'engage plus vive que jamais.

L'archevêque est ainsi placé entre deux feux ; il ne s'en étonne point, il ne pense ni à reculer, ni à s'échapper de droite ni de gauche. Il franchit les quelques pas qui le séparent encore de la barricade ; et toujours accompagné de ses grands-vicaires, il entreprend de la gravir ; il arrive au sommet ; il est en vue des deux camps ; les balles sifflent autour de lui et semblent jusque-là le respecter. Un des vicaires-généraux a son chapeau percé de trois coups de feu.

Le médiateur s'est montré ; quelle voix pouvait être plus éloquente que cette héroïque apparition ! que de grâces devaient tomber du cœur du pontife, offrant ainsi et donnant son sang et sa vie pour le peuple qui lui est confié ! Quelle gloire aussi et pour lui et pour la foi qui l'inspire !... mais son sacrifice doit s'achever !

Il descend du Calvaire (où la mort l'avait épargné, et à peine descendu de quelques degrés, il tombe percé dans les reins d'une balle, qui paraît venir de côté et d'une fenêtre. Un fidèle serviteur qui le suivait à son insu veut le recueillir dans ses bras et est lui-même blessé au côté.

Mais rendons ici justice à tout le monde ; les insurgés se précipitent à son secours ; ils l'environnent de soins, le transportent à l'hospice des Quinze-Vingts, lui constituent une garde. Ils recueillent partout des signatures qui attestent que ceux à qui s'est adressé l'archevêque n'ont pas tiré sur lui. Ils tiennent infiniment à ce que ce fait soit bien constaté ; du reste, le bruit de la démarche de l'archevêque et de sa blessure se répand dans tout le faubourg et y produit un effet impossible à décrire.

Une heure après, la grande fusillade avait cessé pour ne plus recommencer.

S'il nous était permis d'entrer ici dans quelques détails intimes, nous dirions que le calme profond, la sérénité chrétienne qui avait dirigé et soutenu la démarche du prélat ne l'a pas quitté un instant après qu'il eut été frappé.

A peine son vicaire-général, M. Jacquemet, avait-il pu le rejoindre, qu'il lui demanda de lui déclarer, en ami sincère, ce qu'il pensait de son état : Ma blessure est-elle grave ? — Elle est très-grave. — Ma vie est-elle en danger ? — Elle est en danger.

« Eh bien ! dit-il, que Dieu soit béni, et qu'il accepte le sacrifice que je lui offre de nouveau pour le salut de ce peuple égaré. Que ma mort serve aussi à expier les fautes que j'ai pu faire pendant mon épiscopat ! » Puis, se recueillant, il se confessa et reçut quelque temps après, l'extrême-onction, conservant du reste, au milieu d'indicibles douleurs, toute sa présence d'esprit, une patience inaltérable, une satisfaction pleine de simplicité et de grandeur, d'avoir accompli ce qu'il appelle son devoir. « La vie est si peu de chose, répétait-il souvent ! Ce qui me restait à vivre était insignifiant ; j'ai bien peu sacrifié pour Dieu, pour des hommes créés à son image et rachetés par son sang. »

Ce matin, il a été rapporté à l'archevêché ; le faubourg, qu'il a fallu traverser, était tout entier sur pieds ; les rues étaient remplies de personnes à genoux. Ce n'était plus, comme la veille, du respect seulement, c'était de la vénération et une sorte de culte ; ces démonstrations ont accompagné le cortége jusqu'à l'archevêché.

Les douleurs sont très-aiguës ; la balle n'est pas extraite ; les médecins conservent peu d'espoir.

Pendant la route l'archevêque était escorté par des gardes mobiles. La physionomie d'un de ces courageux enfants l'avait frappé, l'ayant vu combattre et arracher un sabre à son ennemi, après en avoir reçu des blessures à la tête.

Il l'a fait approcher, il avait encore la force de soulever ses bras, il a pris une petite croix de bois surmontée d'un crucifix et suspendue à un collier noir, et l'a remise au jeune héros en lui disant : « *Ne quitte pas cette croix... mets-la sur ton cœur, cela te portera bonheur...* »

François Delavrignère, c'est le nom du garde, a fait serment, les mains jointes et dans une attitude de prière, de conserver à jamais ce précieux souvenir du vénérable prélat mourant.

Delavrignère appartient à la septième compagnie du quatrième bataillon.

Mgr. l'archevêque de Paris a succombé aujourd'hui, à quatre heures de l'après-midi.

Barricades du quartier Saint-Jacques.

JOURNÉE DU 23 JUIN.

Le vendredi 23, à deux heures, le général Damesme paraît au Luxembourg à la tête d'une compagnie dn 7ᵉ léger et du vingt-troisième bataillon de la garde mobile pour se rendre rue des Grès, où s'élevait la première barricade du quartier Saint-Jacques. Après sommation faite aux insurgés de se retirer et sur leur refus, le général fait sonner la charge ; quatre compagnies s'avancent ; quatre autres compagnies les tournent par la place de la Sorbonne ; elles s'élancent toutes ensemble et à travers une grêle de balles, prennent au pas de course la barricade qui fermait l'entrée de la rue des Maçons-Sorbonne en face du collége Louis-le-Grand.

Bientôt maîtres des quatre premières, ces braves soldats s'emparent de l'Ecole normale occupée par les insurgés. Rejoints par le 73ᵉ de ligne, ils profitent de leur position pour prendre une nouvelle barricade adossée à l'Ecole et qui s'élevait à la hauteur du premier étage ; le capitaine André et le commandant Cluseret se sont distingués. Le 73ᵉ de ligne a perdu son commandant, un capitaine et un adjudant.

Les cartouches allaient manquer et l'on tirait sur eux à bout portant, le premier bataillon de mobile et le 7ᵉ léger les rejoignirent alors par la barrière de la rue des Mathurins dont ils se rendirent maîtres.

Au pont Saint-Michel, au petit pont de l'Hôtel-Dieu, dans la rue Saint-Séverin, dans les rues avoisinant la place Maubert, des barricades formidables avaient été élevées. Une compagnie du 12ᵉ régiment d'infanterie de ligne ayant été envoyée de la Préfecture de police pour les reconnaître et pour appuyer un commissaire chargé de faire les sommations, fut accueillie par une fusillade qui blessa le capitaine et tua derrière lui un voltigeur. La garde nationale (11ᵉ légion) se mit en mesure d'enlever la barricade du pont

Saint-Michel, tandis que la garde républicaine attaquait celle du petit pont de l'Hôtel-Dieu.

C'est là qu'un des plus braves officiers de la 11e légion, qu'il nous soit permis de le dire, un ami que nous pleurerons longtemps, et dont la perte sera pour tous ceux qui l'ont connu un éternel souvenir d'affliction et de douleur ; c'est là que M. Francis Masson, avoué près le tribunal de première instance, chef de bataillon de la 11e légion, a péri victime de son intrépidité.

Il s'était avancé suivi de gardes nationaux jusqu'à la barricade du pont Saint-Michel, malgré le feu de ceux qui la défendaient, s'y élança le premier, et de sa main désarma un officier de la garde nationale qui combattait avec les émeutiers, et il le conduisit prisonnier à la préfecture de police, tandis que l'on détruisait cette première barricade pour marcher sur celles qui la soutenaient en arrière. Ce prisonnier déposé au poste, M. Masson se hâtait de regagner la place Saint-Michel, suivi de quelques voltigeurs du 12e de ligne, lorsque, au moment où se mettant à la tête des gardes nationaux de son bataillon, il s'avançait vers l'église Saint-Severin, dont les cloches mises en branle par les insurgés, sonnaient le tocsin, une décharge partant de la barricade, presque à bout portant, l'étendit raide mort, atteint d'une balle au front.

Nous ne dirons pas quelle explosion de douleur ; quels cris de vengeance se firent entendre dans les rangs de la garde nationale et de la ligne, qui avaient été électrisés par le courage du brave et infortuné Masson… ; tous se précipitèrent sur la barricade, qui fut enlevée.

Pendant ce temps, la garde républicaine attaquait la barricade du petit pont de l'Hôtel-Dieu, défendue par des ouvriers en costume de travail et quelques gardes nationaux en uniforme. Une terrible fusillade s'engagea sur ce point et se prolongea près de trois quarts d'heure ; le 12e de ligne et la 12 légion se joignirent à la garde républicaine, qui, dès la première attaque avait perdu un officier et six hommes ; mais cette barricade, protégée par un feu qui partait des fenêtres de l'Hôtel-Dieu, ne put être enlevée ; l'on vit même les rangs de ceux qui la défendaient se grossir d'une partie de gardes républicains.

Il était alors cinq heures du soir : une sorte de suspension d'hostilités eut lieu, et les insurgés en profitèrent pour réédifier plus fort qu'auparavant la barricade du pont Saint-Michel.

On doit les plus grands éloges à la noble conduite qu'a tenue la garde mobile à cheval ; le 23 au matin, ce corps tout entier est allé spontanément se mettre en bataille devant l'Assemblée nationale, et a demandé au président à être dirigé vers les points les plus périlleux.

Dans la soirée, la garde mobile à cheval a enlevé deux barricades dans la rue Saint-Jacques, tués trois hommes aux insurgés et fait quinze prisonniers. C'est là seulement que les hommes qui composent ce nouveau corps se sont procuré des fusils ; jusque-là ils n'avaient monté à l'assaut que le sabre à la main. Plus tard, le commandant de la garde mobile à cheval a repris deux pièces de canon dont s'étaient emparés des insurgés qui avaient pris le costume des gardes nationaux de la 2e légion.

A l'attaque du Panthéon, les gardes à cheval se sont précipités sur les grilles avec les 16e et 24e bataillons de la garde mobile à pied et le 11e léger, et après avoir essuyé un feu très vif, ils sont entrés dans l'intérieur du monumens ; quelques instants après, les gardes à cheval avec deux compagnies du 16e mobile dont le commandant, l'adjudant-major et un capitaine avaient été tués, enlevaient sept barricades pour arriver à la caserne Mouffetard et délivrer des prisonniers faits le matin par les insurgés, et qui s'attendaient de moment en moment à être fusillés.

La garde mobile à cheval a donc noblement gagné ses éperons ; mais elle a essuyé de grandes pertes ; plusieurs de ses hommes ont été tués et le tiers est blessé ; le commandant Bacle a été atteint de deux coups de feu ; le capitaine Aubé a été grièvement blessé ; on s'accorde à rendre hommage à la conduite des capitaines Huart, Pelissier, des lieutenants Hulot, Carle et Gagin. On se loue surtout de la conduite du chirurgien et de l'aide-major.

JOURNÉE DU 24 JUIN.

Onze heures. — Quartier Saint-Jacques. — L'insurrection est renfermée : rue de la Harpe, rue des Mathurins, place de la Sorbonne, place Saint-Michel, tout le long de la rue Saint Jacques, rue des Noyers.

Le Panthéon est le quartier-général des insurgés.

Le commandant Bacle est à la tête de la garde mobile qui avait pris ce matin quatre barricades et fait quinze prisonniers, conduits au Luxembourg.

Trois autres personnes ont été sur le [point d'être fusillées : elles l'eussent été sans l'énergie de quelques chefs.

L'effervescence est à son comble, partout il n'y a qu'une voix pour accuser l'imprévoyance et l'incapacité du gouvernement.

Le commandant Cottret, de la 11e légion, est le seul officier supérieur qui commande la garde nationale sur ce point.

A chaque moment, on voit revenir trois ou quatre civières portant des blessés.

Le lieutenant-colonel Michel de Gartillerier a reçu, près de Notre-Dame, une balle à la poitrine ; on vient de le transporter chez lui, rue Basse-du-Rempart.

Trois heures de l'après-midi. — La fusillade continue dans la rue Saint-Jacques et principalement sur la place du Panthéon ; quelques-uns des insurgés ont été pris les armes à la main et fusillés immédiatement : l'un en face de l'hôtel du Midi, rue des Mathurins Saint-Jacques, et sept autres à l'hôtel de Cluny ; les autres insurgés ont été conduits au Luxembourg, où ils ont subi le même sort.

La garde mobile s'est rendue maîtresse de la barricade élevée dans la rue des Mathurins-Saint-Jacques. Après un feu bien nourri, les insurgés ont pris la fuite.

L'hôtel du Midi, celui de la Loire ont été fouillés et ravagés par les insurgés, les balles ont labouré toutes les maisons environnantes.

Tous les postes du Quartier-Latin sout occupés par la garde nationale. La circulation est partout interdite.

Huit heures du matin. — La rue Saint-Jacques est prise par la garde nationale, à la hauteur de la rue Soufflot. De ce point, jusqu'à une distance de 2 à 300 mètres, la fusillade continue de presque toutes les maisons et de quelques barricades. La place Maubert, le quartier Saint-Victor, la rue Mouffetard sont entièrement libres depuis hier soir.

Des sapeurs de la ligne démolissent une maison située derrière l'Hôtel-Dieu, du côté de la rue Saint Jacques. La place de l'Hôtel-de-Ville est encombrée de cavalerie et de ligne.

La fusillade est engagée dans tout le quartier environnant ; la place Baudoyer surtout est le théâtre d'un vif combat. La troupe de ligne et la garde nationale s'avancent avec précaution dans ce dédale de petites rues d'où il part des coups de fusil sans qu'on puisse apercevoir les insurgés.

Encore un fait que nous nous empressons de signaler :

Dans la journée du 24, les troupes stationnées sur la place Cambrai avaient remarqué une maison d'où les insurgés faisaient un feu nourri et meurtrier. Le commandant Clary, du 2e bataillon de la mobile, donna l'ordre d'y pénétrer et d'en chasser tous ceux qui s'y trouveraient. Un jeune lieutenant de ce bataillon, le citoyen Louis Pascal, fut chargé de cette périlleuse mission.

Il s'y rendit avec douze hommes déterminés, et, après une longue perquisition, il fit des prisonniers et rapporta 40 fusils et des munitions. Cette maison est située sur l'emplacement de l'ancienne église Saint-Jean-de-Latran.

Faits particuliers.

Sur plusieurs barricades, des têtes coupées et coiffées de képis avaient été placées comme des épouvantails. Enfin, une tête, dans la bouche de laquelle on avait coulé de la poix et mis une mèche, a été plantée sur une pique. Cet horible fanal a été allumé, et les misérables qui avaient commis cet effroyable barbarie chantaient autour de ce hideux trophée : *Des lampions ! des lampions !*

— Des actes d'une révoltante atrocité, commis par les rebelles, nous sont signalés. Nous n'hésitons pas à les publier, pour montrer une fois pour toutes, quels sont les ennemis de la société et de la civilisation.

Une femme, arrêtée hier, avouait avec une horrible franchise qu'elle avait tranché la tête à trois gardes mobiles.

— Hier, au poste du faubourg du Temple, appelé la Galiote, les troupes qui s'en étaient emparées ont trouvé la tête et le bras d'un garde mobile que les insurgés avaient mutilé. Un officier de dragons ayant été fait prisonnier, les insurgés lui ont coupé le poignet comme à un *fratricide !*

— On a arrêté, rue de Verneuil, une femme qui distribuait de l'argent à des ouvriers.

— On arrêté un insurgé très-pauvrement vêtu, que l'on a trouvé nanti d'une somme de 11,000 fr. en billets de banque.

— Un homme a été arrêté et amené à la chambre. Il avait sur lui 4,000 fr. en or et des bulletins imprimés portant ces mots : *Demandez Henri V.*

— On a trouvé sur plusieurs blessés des barricades des sommes importantes en or. Un chirurgien-major de la garde nationale (3e légion) a fait saisir sur l'un d'eux 314 fr. Dans la 10e ou la 11e, on a pris sur l'un d'eux, qui était mort, près de 1,400 fr.

— Un banquier de la rue Hauteville, accusé de distribuer de l'argent aux insurgés, M. Clavel d'Oisy, a été arrêté aujourd'hui à son domicile et conduit en prison.

— Sur le boulevard Poissonnière, deux jeunes gens également accusés de distribuer de l'argent aux émeutiers, ont été arrêtés.

— M. Gibot, avoué à la cour d'appel et lieutenant de la 8e compagnie du 3e bataillon de la 8e légion, s'était rendu, comme curieux, au club du Peuple, qui n'est autre, comme on sait, que le club Blanqui. La réunion se composait de plus de 3,000 personnes. Elle était présidée par M. Deflotte, ancien officier de marine. M. Deflotte, dans une allocution pleine de vivacité, annonça la prise d'armes du lendemain, et porta un défi, en termes insultants, aux *aristocrates* de la garde nationale. Ces paroles furent applaudies avec enthousiasme par l'auditoire des montagnards qui assistait à la séance. Hier soir, M. Gibot, qui dînait à la taverne anglaise de la rue Saint-Marc Feydeau, ne fut pas peu surpris de voir entrer, dans le restaurant, M. Deflotte, dont les traits étaient restés gravés dans sa mémoire. M. Deflotte était vêtu d'une redingote brune ; mais ses habits étaient en désordre, ses mains étaient noircies par la poudre. Il était accompagné de quatre individus, dont l'un, en uniforme d'artilleur de la garde nationale, portait un fusil de chasse en bandoulière ; tous paraissaient harassés de fatigue ; leurs vêtements étaient souillés de boue.

M. Gibot, convaincu que M. Deflotte sortait des rangs de l'insurrection, n'hésita point un instant. Marchant droit à M. Deflotte, il lui reprocha avec fermeté le rôle qu'il venait de jouer dans ces lamentables journées, et le saisit courageusement au collet. M. Deflotte, d'abord décontenancé, reprit bientôt quelque assurance : il fit mine de résister ; mais à la voix de M. Gibot, des officiers de la garde nationale et de la ligne lui prêtèrent main-forte. Les amis de M. Deflotte disparurent et ce dernier fut arrêté.

— A l'Abbaye se trouvaient le tambour-major de la 12° légion, appelé le *professeur de barricades* ; un lieutenant et un sous-officier de la même légion ; il y avait là cette femme déguisée en homme qui mutilait les gardes mobiles. Puis, on avait amené un homme qui s'était vanté d'avoir tué vingt-deux personnes dans le faubourg Saint-Jacques. Il était accompagné de sa femme qui, pendant qu'il se battait, lui portait des munitions. Ces deux individus, pour se soustraire sans doute, en excitant quelque intérêt, à une mort presque imminente, s'étaient munis d'un enfant qu'ils emmenaient avec eux comme leur sauvegarde.

— Un très grand nombre d'individus saisis les armes à la main ou porteurs de cartouches ont été incarcérés. Tous ont été fouillés, soit au moment de leur arrestation, soit à leur arrivée à la préfecture de police. Sur plusieurs d'entre eux on a trouvé d'importantes sommes d'argent dont l'origine n'a pu être justifiée d'une manière satisfaisante, et les investigations sévères auxquelles procède le procureur général près la cour d'appel ont fait recueillir des documents qui autorisent à penser que ces sommes ont été fournies à ces inculpés par des fauteurs de désordre.

C'est une nouvelle preuve que les déplorables événements qui ensanglantent la capitale sont l'œuvre de machinations dont les traces sont déjà manifestées et dont il est permis d'espérer que l'ensemble n'échappera pas à la justice nationale.

— On nous raconte encore une action héroïque d'un jeune soldat de la garde mobile. Le jeune Letellier, de la septième compagnie du 18° bataillon, venait de voir tomber à son côté un de ses camarades, blessé à mort. Luimême avait reçu une balle sur le canon de son fusil, et la commotion avait été telle qu'il avait dû laisser tomber son arme.

Excité plutôt qu'effrayé par le spectacle de la mort, Letellier croit cependant qu'il doit avant tout rendre les derniers devoirs à son camarade. Il charge le blessé sur ses épaules et le porte mourant à l'Hôtel-Dieu.

Mais aussitôt il revient, plus ardent que jamais, et monte le premier à l'assaut de la barricade de la place Maubert, au milieu d'une grêle de balles, et fait lâcher pied aux insurgés.

Ses camarades transportés d'enthousiasme devant cette conduite héroïque, ont porté Letellier en triomphe, et le lieutenant du 8° bataillon, M. Husson, l'a forcé d'accepter un certificat constatant les faits que nous venons de rapporter.

Ce jeune homme est d'une stature élevée et a une physionomie distinguée ; quelque temps avant de s'engager dans la garde mobile, il venait de recevoir son diplôme de bachelier ès-lettres et de commencer son droit à la faculté de Paris.

— Vers quatre heures, on a conduit encore aujourd'hui, à la présidence, environ une douzaine de gardes nationaux mobiles dont plusieurs blessés, et porteurs de drapeaux pris sur les barricades. On les a introduits successivement auprès du général Cavaignac et auprès du président de l'Assemblée nationale, qui leur ont adressé les félicitations les plus cordiales.

Une des personnes qui assistaient à cette scène a appris à M. Senard, qu'un enfant pour ainsi dire, Delrat (André-Charles), 9° bataillon, quatrième compagnie, âgé de seize ans et demi, à lui seul, avait pris hier 25 juin, cinq insurgés, cinq fusils et cinq drapeaux, sur cinq barricades différentes, rue de Reuilly. Il n'avait pu accompagner ses camarades dans les salons de la présidence, parce qu'il s'était trouvé mal dans une des cours du palais où il recevait les soins de plusieurs femmes. — Où est-il ? s'est écrié M. le président, et aussitôt il s'est fait conduire auprès du jeune garde mobile. — Mon enfant, lui a-t-il dit, du plus loin qu'il a pu l'apercevoir, puisque vous ne pouvez pas venir vers le président de l'Assemblée nationale, le président vient vers vous ; — et il l'a embrassé avec effusion.

— Sur le boulevard, un de ces courageux combattants, porteur d'un drapeau, voyant qu'on lui rendait les honneurs militaires, s'est mis à pleurer.

— La commission militaire qui fonctionne au château des Tuileries a interrogé, comme nous l'avons déjà dit, plus de trois cents prisonniers ; presque tous étaient porteurs de pièces d'or ; il y en avait parmi eux qui avaient jusqu'à cinq louis. Nous avons vu une caisse remplie d'argent pris sur les insurgés. Plusieurs insurgés, interrogés par les juges d'instruction, qui leur demandaient pourquoi ils ne s'étaient pas rendus plus tôt, ont répondu : « *Il fallait bien que nous gagnions l'argent qui nous avait été donné.* » Aucun d'eux n'a voulu livrer encore à la justice les noms des infâmes instigateurs de ce terrible complot.

Nous en avons nous-même interrogé plusieurs ; nombre d'entre eux nous ont paru hébétés ; quelques-uns jouaient la folie, ceux-là nous ont dit que la misère les avait conduits à prendre les armes ; d'autres disaient qu'ils avaient combattu pour la République démocratique et sociale. — Qu'appelez-vous la République démocratique et sociale ? leur avons-nous dit. — C'est le gouvernement des ouvriers, nous ont-ils répondu. L'un des plus redoutables parmi ces malheureux est le nommé Pasquin, qui a été arrêté à Belleville ; ce misérable, accusé d'avoir coupé les deux poignets à un officier, se vante de son infâme action. — Conduit dans la chambre où est enfermée la femme Leblanc, nous lui avons parlé. Cette horrible femme, qui est accusée d'avoir tranché la tête à quatre gardes mobiles avec un couperet, avouait audacieusement hier avoir accompli cette infâme boucherie ; avec un cynisme effroyable et une ignoble assurance, elle a répondu au juge d'instruction : *J'ai cru rêver.* Hier, cette femme avait l'orgueil de son acte ; aujourd'hui, elle niait tout ; elle nous a dit qu'on la calomniait, qu'elle n'avait rien fait : les gardiens qui nous accompagnaient lui rappelaient ses aveux de la veille et lui montraient la cicatrice énorme qu'elle a à l'index de la main droite et qui provient d'une morsure faite sans doute par l'une de ses victimes ; elle a répondu que cette morsure lui avait été faite par les hommes qui l'ont arrêtée, et que tout ce qu'on disait d'elle avait été inventé par son mari, qui voulait la perdre. Son mari est un des insurgés ; il est lui-même en état d'arrestation. Deux autres femmes sont enfermées avec la femme Leblanc ; l'une s'appelle Lecharrier, elle a été arrêtée rue Bichat ; l'autre a nom Odile Guinard, elle a été arrêtée rue Saint-Sébastien, n° 52.

— Sur huit morts ramassés à la barricade du faubourg Poissonnière, cinq ont été reconnus pour des forçats. Un d'entre eux s'est écrié en mourant : « Quel malheur de se faire tuer pour dix francs ! »

— On a arrêté un individu aux abords de l'Assemblée, qui se disait envoyé par les clubs, et qui venait pour demander deux bagatelles : d'une part, 30 millions pour les ateliers nationaux ; de l'autre, le désarmement de la garde nationale. L'audace du clubiste a tellement indigné les gardes nationaux de la banlieue, qu'ils ne parlaient rien moins que de le fusiller.

— Parmi les insurgés tués sur les barricades ou faits prisonniers dans les engagements, on trouve, comme on devait s'y attendre, la lèpre de forçats libérés et de repris de justice. Sur l'épaule de plusieurs cadavres transportés à la caserne du faubourg Poissonnière, on voit les lettres de la marque, signes indélébiles de la flétrissure morale et de la dégradation civique. Enfin, l'enquête judiciaire, qui se poursuit sans relâche, a reconnu déjà dans les rangs des insurgés, et même au nombre des chefs, plusieurs centaines de ces hommes dangereux, ennemis de tout ordre social.

— On a saisi ce matin à différentes barrières, des boîtes à lait contenant des cartouches, et dont l'entrée était occupé par une double boîte contenant seulement une faible hauteur de ce liquide.

—Hier, deux jeunes gardes mobiles avaient été décorés de la Légion d'honneur pour avoir enlevé chacun un drapeau sur les barricades, au milieu des balles qui pleuvaient sur eux. Nous en avons vu deux autres passer aujourd'hui vers midi sur le boulevard, escortés par quelques gardes nationaux qui les conduisaient à l'Assemblée nationale. Plusieurs autres drapeaux, parmi lesquels un drapeau blanc et un autre décoré d'un bonnet phrygien ont été pris.

— Le citoyen Bodel Joseph, garçon boucher, rue Montmartre, 93, a rapporté aujourd'hui, à la mairie du 3e arrondissement, deux drapeaux pris par lui aux barricades de la barrière Poissonnière et de la barrière Rochechouart.

— Hier soir, vers six heures, on a vu défiler, place de la Concorde, le vingtième bataillon de la garde nationale mobile ; il se compose d'une trentaine d'hommes tout au plus, le reste a été tué sur les barricades. Ces intrépides soldats portaient les drapeaux qu'ils ont enlevés faubourg Saint-Antoine. Nous en avons remarqué un sur lequel on lit ces mots : *Mort aux voleurs, respect à la propriété.*

— Deux officiers de la garde nationale, passant rue Bergère pour se rendre à leur poste, ont été tués par deux coups de pistolet tirés à bout portant.

— M. Payot, fils, a reçu une balle dans la cuisse, qui nécessite l'amputation.

— M. Lefèvre, chef du 3e bataillon de la 2e légion, a reçu une balle dans le côté gauche.

— M. Avrial, banquier, a été tué d'une balle dans la tête, à la barricade de la rue Saint-Denis, les coups de fusil partaient de la maison Jouvin.

— Le général Rapatel, élu hier colonel de la 2e légion, s'est mis en bourgeois, avec un sabre, à la tête de deux compagnies de la 2e légion, et a pris la barricade Saint-Nicolas.

— Deux individus ont été arrêtés, semant le bruit que la 2e légion descendait sur Paris, faisant cause commune avec les insurgés.

— Les gardes nationaux qui marchaient contre l'émeute faisaient entendre les cris répétés de : *Vive la République ! à bas les prétendans !*

—Voici les chiffres recueillis hier dans les hôpitaux : il y a en ce moment à la Charité 120 blessés, au Val-de-Grâce 190, à l'Hôtel-Dieu 400 ; dans cet hôpital il en est arrivé un bien plus grand nombre, mais beaucoup ont succombé dans les premières heures. On compte 90 blessés à l'hôpital Dubois, 78 à la Clinique, 63 à Saint-Lazarre, 500 à l'hôpital Saint-Louis. Le général Damesme, qui est au Val-de-Grâce, a été amputé de la cuisse à la partie supérieure. L'opération, bien que très grave, présente des chances de succès. La fièvre, cependant, a été très violente la nuit dernière. Le général Lafontaine est rue de Richelieu, 69, à l'hôtel d'Espagne. Son médecin, M. Delille, répond de sa guérison.

— On calcule qu'il y avait avant-hier 4,000 insurgés au Panthéon, 6,000 à l'hôtel de Ville, 20,000 au faubourg Saint-Antoine ; en tout, environ 45 à 50,000 hommes. Beaucoup de leurs compagnies étaient commandées par des individus portant le costume d'officiers de la garde nationale.

Toutes ces bandes agissaient avec un ensemble étonnant ; l'entente de leurs mouvements, la construction de leurs barricades, l'ordre et la combinaison de leurs mesures stratégiques frappent de surprise les militaires les plus expérimentés. Avec une telle direction, avec les immenses ressources qu'ils possédaient en munitions de toute sorte, on comprend qu'ils se soient crus si sûrs de la victoire, et l'on ne comprend que trop quels combats acharnés il a fallu soutenir pour les vaincre.

— La première nouvelle des événements de Paris a été reçue à Londres samedi. La nouvelle de la mise en état de siége de Paris, et de la remise du commandement supérieur au général Cavaignac, qui n'a été votée par l'Assemblée que samedi matin, était annoncée à Londres au même instant.

— Une alerte qui a eu les plus cruelles conséquences, a mis en émoi, dans la nuit du 25 au 26, le quartier des Tuileries et le Palais-National.

Vers minuit, on amenait environ trois cents prisonniers aux Tuileries. Les gardes nationaux qui les conduisaient appartenaient à sept ou huit des détachements de province arrivés dans la journée. On négligea de lier les bras des insurgés comme cela se pratique d'ordinaire. Le convoi était arrivé vers l'hôtel isolé dit de Nantes, au milieu de la place du Carrousel. Un des insurgés, s'emparant brusquement du fusil d'un garde national, le tourna contre l'un des hommes de l'escorte, et, après l'avoir blessé, prit la fuite au cri de *sauve qui peut*, et aussitôt les insurgés s'échappèrent dans toutes les directions. Les gardes nationaux les poursuivirent en appelant du secours ; il arriva de la troupe de divers côtés, et les coups de fusil partant de divers points, malheureusement portèrent sur des gardes nationaux.

On ajoute que quelques-uns des prisonniers s'étaient jetés sur des fusils en faisceaux qui n'étaient pas gardés d'assez près par les compagnies à qui ils appartenaient, et avaient, de leur côté, fait usage de ces armes.

La fusillade s'est étendue jusqu'à la place du Palais-National, dont le poste avait pris les armes : on voyait ce matin les traces des balles sur plusieurs points de cette place. Plusieurs des prisonniers ont été repris : deux chefs ont été fusillés dans le Palais-National ; un d'eux, homme colossal, a été trouvé porteur d'assez fortes sommes.

Des officiers de l'état-major de la garde nationale ont été blessés, l'un au bras, l'autre au pied ; un adjudant du château a été blessé à la tête. D'autres blessures ont nécessité des amputations.

Parmi les gardes nationaux morts, se trouve le chef de bataillon de la garde nationale de Cambrai, M. Durrieu, qui était déjà venu deux fois à Paris, et qui meurt à la fleur de l'âge ; des gardes nationaux des départements ont été reconnus ce matin par leurs camarades.

Près de trente prisonniers ont été tués, plusieurs sont très gravement blessés et laissent peu d'espoir. Les cadavres des morts ont été relevés dans la matinée et emportés hors des Tuileries.

Ce matin, M. Carteret, sous-secrétaire d'Etat au ministère de l'intérieur, est venu visiter ce théâtre de désolation. Il a parcouru toutes les salles et donné l'assurance qu'aucuns soins ne manqueraient aux victimes de ce fatal événement.

— Le 24, à quatre heures du matin, le premier bataillon du 18ᵉ léger reçut du général Cavaignac l'ordre de déblayer les rues du Foin, des Mathurins, Galande, Saint-Jacques, la place Maubert, et de revenir ensuite prendre position sur les quais. Cet ordre fut exécuté, malgré une résistance opiniâtre, mais le bataillon a éprouvé des pertes cruelles. Le capitaine Thibault, des carabiniers, est tombé frappé d'une balle rue Galande, en face de la maison n° 57 ; le lieutenant Tonne a eu le bras traversé par une balle ; M. de Valsery, sous-lieutenant, a eu la main percée par une balle, enfin, plusieurs sous-officiers et soldats ont été également frappés mortellement, surtout à la barricade de la place Maubert.

Cette barricade offrait un obstacle tellement sérieux qu'il fallut l'attaquer de plusieurs côtés à la fois, par la rue Galande et par celle du Haut-Pavé. Quand la barricade fut enlevée, le lieutenant Tonne, frère de celui qui avait été blessé rue Galande, s'élança avec tant de vigueur à la poursuite des insurgés qu'il fut coupé de sa ligne de retraite et fait prisonnier. Il courait le danger d'être fusillé quand le nommé Varin, de la quatrième compagnie des sapeurs-pompiers, parvint à le sauver et le mit en sûreté dans la caserne de la rue de Poissy, d'où il n'a pu sortir que le lendemain.

Un jeune chasseur de la garde mobile, à peine âgé de 16 ans, nommé Georges n'a pas quitté le premier bataillon du 18e léger pendant toute la journée ; c'est lui qui a tué l'insurgé qui avait frappé le capitaine Thibault.

— Au milieu des actes nombreux de courage et de dévouement que la garde mobile n'a cessé de donner pendant les journées terribles qui viennent de s'écouler, nous nous faisons un devoir de signaler la belle conduite des officiers du bataillon de Rouen. Les officiers restés en disponibilité depuis la répartition de leurs hommes dans les autres bataillons de la garde mobile s'empressèrent, dès le 23 au matin, de se mettre à la disposition du général Damesme, qui les répartit dans les premier et deuxième bataillons. Armés d'un fusil, ils entrèrent dans les rangs comme de simple volontaires et combattirent pendant toute la journée du 23 et une partie de celle du 24 dans le quartier Saint-Jacques, où ils montrèrent un courage qui fixa l'attention du général. Le chef de bataillon Leprêtre, qui lui-même s'était emparé d'un fusil de munition, demandait à chaque instant les missions les plus dangereuses et s'élançait sur les barricades pour donner l'exemple. Dans une barricade défendue par plus de trois cents révoltés, deux officiers du bataillon de Rouen furent blessés : l'un à la cuisse (il est mort des suites de l'amputation), l'autre au genou, et il est menacé de l'amputation ; d'autres officiers de ce bataillon furent également blessés dans les quartiers Saint-Jacques et Saint-Marceau.

— A l'attaque d'une barricade du faubourg Saint-Jacques, les insurgés indiquent qu'ils veulent parlementer ; le chef de bataillon de la mobile s'avance, et il reconnaît avec douleur la présence de quatre mobiles parmi les insurgés. — « Que voulez-vous ? demande l'officier supérieur de la mobile. Le chef de la barricade lui répond : vous entraîner avec nous ; il est impossible que vous tiriez sur vos frères. — Nous accomplissons notre devoir, répond l'officier ; rendez-vous, sinon j'ordonne le feu. — Nous sommes perdus ! s'écrie le chef de la barricade, en se retournant vers ses hommes ; la garde mobile est contre nous, » et le feu s'engage aussitôt.

— Au Panthéon, le combat a été des plus vifs, 1,500 insurgés s'étaient retranchés dans l'intérieur du monument. Pour les déloger, il a fallu braquer des canons dans la rue Soufflot, et faire une brèche dans les portes. Cette attaque n'a pas duré moins d'une heure et demie ; enfin, quand la brèche a été faite, la ligne et la garde nationale sont entrées au pas de course, malgré une grêle de balles, et ont fait mettre bas les armes à leurs adversaires. On ajoute qu'une partie de cette bande s'est alors retirée dans les bâtiments de la nouvelle bibliothèque, où peu de temps après les émeutiers se sont rendus à discrétion.

A quelques pas de cette triste scène, un autre combat était livré ; les insurgés s'étaient barricadés dans l'église Saint-Séverin ; ils en ont été délogés par la garde mobile commandée par le général Damesme ; mais ce brave militaire a payé cher sa victoire ; il a reçu une blessure fort dangereuse, et il a fallu l'emporter. Il a été remplacé par un colonel de cavalerie.

— A une heure, 1,500 insurgés, pris à la barricade du Panthéon, se sont rendus à discrétion: 1,500 hommes, garde nationale et troupe de ligne, arrivent à l'Assemblée, venant d'Amiens.

— A une heure et demie, une estafette est arrivée à l'Assemblée nationale annoncer qu'une colonne, à la tête de laquelle se trouvait le représentant Boulay (de la Meurthe), venait de reprendre le Panthéon qui était au pouvoir des insurgés.

— Saint-Méry, Saint-Séverin, l'Hôtel-de-Ville et le Panthéon sont convertis en ambulances et en dépôts de cadavres, ainsi que le Val-de-Grâce, Saint-Gervais et Saint-Paul, rue Saint-Antoine. Les corps du général Bréa et de son aide-de-camp, le capitaine d'état-major de Mangin, sont déposés dans le Panthéon.

— Toute la place du Panthéon est convertie en un camp couvert de troupes de toutes armes, ainsi que les places Saint-Michel, du Petit-Pont, le marché aux Fleurs, la place de l'Hôtel-de-Ville, la place de la Bastille, les quais, les boulevards et les Tuileries.

— Le quartier Latin, depuis la rue de la Harpe jusqu'à la place Maubert, depuis l'Hôtel-Dieu jusqu'à l'extrémité du faubourg Saint-Marceau, est celui qui a peut-être le plus souffert. Sur cette partie de la capitale, le combat a été le plus acharné. Les traces de l'émeute y sont partout horriblement visibles.

Les colonnes cannelées de la façade du Panthéon sont presque toutes écorchées ; les figures du fronton sont pour la plupart endommagées ; quelques-unes sont complétement mutilées. La partie gauche du monument est aussi fort endommagée. C'est contre cette partie qu'était adossée la formidable barricade qui défendait les abords de l'église Saint-Étienne-du-Mont, qui a été enlevée avec le canon.

A l'intérieur, le boulet a détruit deux statues colossales, l'une représentant la *République*, l'autre le génie de l'*Immortalité*, placées dans l'axe de la porte. Cette dernière figurait à la solennité des cendres de l'empereur ; elle était élevée devant le péristyle de la chambre des députés. Une des copies des Loges, de Raphaël, a été trouée par une balle.

Au centre du monument, sous la coupole, est une estrade funèbre. Là reposent deux victimes de la fureur des insurgés, le brave général de Bréa et son aide-de-camp, M. Mangin, odieusement assassinés à la barrière de Fontainebleau.

L'église Saint-Étienne porte l'empreinte des boulets. La flèche du clocher a été démontée.

— La rue Saint-Jacques présente, dans les parties voisines de la rue des Mathurins et du pont de l'Hôtel-Dieu, l'aspect le plus désolant. La façade de chaque maison est criblée de balles. Toute saillie de maçonnerie, de porte, d'enseigne, est sillonnée par les balles ; mais la partie la plus maltraitée est celle qui termine la rue. La barricade de la place, si vaillamment attaquée et prise par la garde républicaine, avait nécessité l'emploi du canon.

Comme nous venons de le dire, c'est à la barrière de Fontainebleau qu'ont été tués le général Bréa et un aide-de-camp du général Damesme, le capitaine d'état-major Mangin. Ces deux officiers étaient allés en parlementaires vers les insurgés qui étaient retranchés de l'autre côté de la barrière ; à leur approche, la grille s'est ouverte et refermée aussitôt sur eux. Aussitôt, ils ont été saisis, entourés et menacés de mort, si un seul coup de feu était tiré. Le lieutenant-colonel Thomas, du 16e léger, chargé du commandement d'une partie des bataillons de la garde mobile, s'est avancé aussitôt pour les réclamer, et a menacé les insurgés de les faire fusiller tous s'ils s'y refusaient. Après de longs pourparlers, le lieutenant-colonel Thomas a consenti à leur accorder, selon leur demande, une demi-heure pour réfléchir, et il est allé faire part de cette circonstance au général Cavaignac.

C'est pendant cette demi-heure que le massacre du général Bréa et du capitaine Maugin a eu lieu. A son retour, le brave colonel Thomas s'est de nouveau avancé seul vers la barrière, mais il a été reçu à coups de fusil. Il a fait aussitôt avancer des bataillons, a enlevé la position des insurgés ; mais, hélas ! il n'a trouvé que les cadavres défigurés des deux malheureux officiers. Rien ne saurait peindre la fureur des soldats de la garde mobile en voyant le corps du général Bréa, et celui du capitaine Mangin, surtout, qu'ils connaissaient depuis longtemps. Les représailles ont été terribles !… La plume hésite à retracer les sanglants épisodes de cette lutte fratricide, qui fait reculer la civilisation de plus d'un siècle ; car il faut remonter à la bataille de Saint-Denis, au temps de la ligue, pour retrouver une pareille fureur…

———

On a cru devoir évaluer le nombre des insurgés à 25,000 ou 30,000 combattants. Aujourd'hui que l'ensemble des faits est mieux apprécié après quatre jours de combat sur un cercle immense, on porte ce nombre à 40,000. Ce chiffre ne semble pas exagéré quand on considère qu'il n'a pas fallu moins d'une force double pour triompher de cette insurrection, la plus formidable, la mieux conduite et la plus désespérée qu'on ait encore vue parmi nous.

Quatre jours d'émeute et de rassemblements avaient, comme on doit se le rappeler, précédé l'explosion. Tout se préparait au milieu de ce premier tumulte. On donnait rendez-vous aux combattants ; on formait des dépôts d'armes et de munitions ; on assignait les postes, et les chefs tenaient conseil. Voici, dit-on, quels étaient les chefs et les lieutenants : d'abord des chefs et des sous-chefs des ateliers nationaux, d'après une notification du ministre de l'intérieur, les officiers de la garde républicaine écartés de ce corps lors de sa réorganisation, les hommes expulsés de cette garde et les montagnards, quelques rares déserteurs de la garde nationale mobile et quelques officiers même de cette garde, mais en très petit nombre, les clubistes les plus véhéments, et enfin les plus capables et les plus résolus des condamnés libérés.

Ainsi beaucoup d'anciens soldats, plusieurs hommes de tête et de capacité et d'autres meneurs d'une position plus élevée organisaient, dirigeaient, exécutaient ce grand mouvement, cette nouvelle Jacquerie contre l'ordre social et la civilisation. Dans toutes les insurrections dont Paris a été le théâtre depuis dix-sept ans, on a toujours vu figurer un certain nombre de jeunes gens des écoles et du commerce. En février, toutes les écoles s'étaient associées au mouvement avec chaleur. Rien de semblable aujourd'hui : la révolte n'a eu pour soldats que des ouvriers, nous disons les mauvais ouvriers seulement, et une masse aveugle que les plus furibonds subjuguent en leur prêchant les monstruosités les plus absurdes et la guerre sociale comme unique moyen d'améliorer leur sort ; fatales prédications que des esprits plus hauts et plus cultivés avaient commencées depuis longtemps.

À cette énumération de l'armée insurrectionnelle, ajoutons quelques milliers de condamnés libérés ou évadés, que le peuple sans doute ne connaissait pas comme tels, et qui passaient pour des ouvriers comme les autres. Il a été dit, on doit se le rappeler, que les ateliers nationaux renfermaient vingt-deux mille condamnés libérés. Tous n'ont peut être pas figuré dans l'insurrection ; mais il est permis de supposer que parmi les combattants, ce sont les criminels de profession qui ont déployé le plus d'opiniâtreté, et qu'à eux principalement doivent être attribuées ces cruautés contre les prisonniers, ces raffinements de barbarie sauvage dont toute la population frémit encore d'horreur.

D'après le personnel des chefs, tel que nous l'avons indiqué plus haut, on ne doit pas s'étonner que nous ayons eu à signaler un plan très-vaste et très-savamment conçu, dont l'exposé a frappé tout le monde, et qui a même fait l'étonnement de nos généraux. La guerre des barricades, bien connue du peuple de Paris par une pratique si fréquente, au point qu'on a parlé d'un homme surnommé *le professeur des barricades*, cette guerre a été singulièrement perfectionnée cette fois ; il a fallu déployer les moyens les plus énergiques de la guerre des siéges pour en venir à bout, et encore après quatre jours et quatre nuits de combats acharnés. Les barricades les plus éloignées, celles qu'on avait pu élever à loisir, comme dans le quartier Saint-Antoine, étaient de véritables constructions par assises régulières de pavés et de pierres de taille, et d'une épaisseur à l'épreuve du canon. Quelques barricades très-étendues présentaient de face un angle rentrant, soit pour neutraliser en partie l'effet du boulet, soit pour fournir à droite et à gauche une double fusillade convergeant sur les troupes assaillantes. Dans plusieurs rues, les insurgés, s'emparant des maisons, perçaient les murs à coups de pioche pour établir ainsi de longues communications qui leur permettaient d'avancer ou de faire retraite à l'abri. Ils brisaient les vitres, garnissaient les fenêtres avec les matelas et les meubles des habitants, et les plus habiles tireurs faisaient un feu des plus nourris et des plus meurtriers, pendant que leurs camarades s'occupaient activement à charger les fusils de rechange.

Ils avaient fait de beaucoup de maisons avantageusement situées et de plusieurs monuments de véritables forteresses, qui ont arrêté pendant très-longtemps la garde nationale de Paris, la garde mobile, les braves gardes nationales des départements et les bataillons de la ligne. Tous rivalisaient de courage, ils déployaient même une ardeur trop impatiente, et qui leur a fait éprouver, sur quelques points, des pertes effroyables, dans une proportion quatre fois plus forte que sur les champs de bataille. Ces forteresses improvisées par les insurgés ont été principalement les maisons situées au bas du pont Saint-Michel, sur la rive gauche ; l'église Saint-Séverin, le Panthéon et l'École de Droit ; l'église Saint-Gervais, derrière l'Hôtel de ville ; les maisons de la place Saint-Gervais et de la place Baudoyer, une partie de la rue du Temple et du faubourg, les constructions nouvelles du clos Saint-Lazarre, les angles des grandes rues qui débouchent sur la place de la Bastille, et enfin tout le faubourg Saint-Antoine, qui n'a été occupé que le dernier, et où il restait encore vingt mille combattants.

Il est triste de le dire, mais un grand nombre de gardes nationaux des 8e et 12e légions, qui viennent d'être désarmées, ont pris parti ouvertement pour l'insurrection avec plusieurs de leurs officiers. On peut se rappeler à cette occasion que dans ces légions, et spécialement dans la 12e, qui avait nommé pour son colonel M. Barbès, on demandait aux candidats, lors de l'élection des officiers, de déclarer s'ils marcheraient, oui ou non, au secours de l'Assemblée nationale dans le cas où le peuple voudrait la renverser. Cette participation de gardes nationaux et d'officiers en uniforme a singulièrement contribué à l'extension terrible que le mouvement avait prise dans ces deux arrondissements, et elle a donné le plus fatal exemple dans ces quartiers.

Nous avons peu de chose à ajouter à ce que nous avons exposé sur le plan des insurgés. Nous voudrions résumer maintenant les opérations principales des généreux défenseurs de l'ordre social. Mais jusqu'à ce que les rapports officiels aient été publiés, il est impossible de faire exactement la part de chacun, de désigner les chefs et les corps qui se sont distingués ou qui ont exécuté telle ou telle attaque, d'autant que dans des relations partielles nous voyons déjà figurer à la fois plusieurs bataillons de Paris, des départements, de la ligne ou de la garde mobile pour l'enlèvement d'une seule et même barricade, sans aucun moyen de savoir à qui le fait appartient réellement ; il en est de même pour les chefs et pour les officiers. Nous éviterons donc les désignations spéciales et les noms propres, de peur de commettre des inexactitudes regrettables, renvoyant d'ailleurs aux faits détachés pour ce qui concerne les actions d'éclat ou la coopération particulière des corps de toute arme et des officiers de tout grade.

On sait que la lutte éclata le 23, à la porte Saint-Denis ; on vit paraître une masse d'hommes sans armes, faisant flotter les bannières des ateliers nationaux, des clubs et de quelques corporations d'ouvriers. Bientôt deux barricades furent faites avec les pavés, et en un clin d'œil presque tous les hommes se montrèrent armés de fusils, on ne sait comment. L'insurrection était assez évidemment annoncée dès la veille. Il y avait ou un rassemblement de 3,000 hommes sur la place du Panthéon, et tous s'étaient donné rendez-vous pour le lendemain. Cependant la commission exécutive ne paraît pas avoir aperçu le péril, car on assure qu'il n'y avait en ce moment que 10,000 hommes de troupes à Paris. La garde nationale se trouva seule en présence de l'insurrection pendant une grande partie de la journée du 23. C'est elle qui soutint le premier feu et qui attaqua les premières barricades à la porte Saint-Denis, dans la Cité et vers le boulevard du Temple.

Dans la matinée du même jour, au quartier Saint-Jacques, deux compagnies de la ligne, qui venaient de faire feu contre une barricade, étaient enveloppées par le peuple dans une rue étroite, et forcées de se retirer presque par capitulation, en promettant de ne plus se battre. La caserne d'un bataillon de garde mobile, qui n'avait encore reçu aucun ordre, était bloquée par une foule immense.

Un bataillon de la ligne, détaché dans le quartier Saint-Antoine pour garder la mairie de la place Royale, était attaqué de toutes parts, fusillé du haut des maisons que les insurgés avaient percées pour s'y introduire, et, après avoir brûlé toutes ses cartouches sans recevoir de renfort, était réduit à capituler. Les insurgés s'emparaient de la mairie, la pillaient et y trouvaient une grande quantité d'armes et de munitions. Enfin, un bataillon de la garde mobile qui attaquait la barricade Saint-Séverin avec un élan des plus héroïques, mais des plus téméraires, perdait tout d'un coup trois cents hommes et se retirait sur le pont Saint-Michel dans un état affreux ; presque tous ces jeunes soldats étaient couverts de sang et de blessures.

Mais le général Cavaignac venait d'être investi du commandement en chef par l'Assemblée nationale. Dès lors, la défense de la capitale et la répression de la révolte ont été dirigées avec un ensemble, une précision et une vigueur dont on n'avait pas eu d'exemple jusqu'alors, de même que jamais non plus l'insurrection ne s'était déployée si ardente et si furieuse. Par ses excellentes dispositions, par la confiance que son patriotisme et la loyauté de son caractère inspiraient à toute la population et à l'armée, le général a décidé la victoire et sauvé Paris du pillage et de l'incendie.

L'insurrection, à son début, s'annonçait d'une manière terrible, et la combinaison arrêtée par les chefs se développait avec un ensemble des plus redoutables. Le centre s'avançait par la rue Saint-Antoine et prenait une forte position à Saint-Gervais, s'efforçant de gagner la place de l'Hôtel-de-Ville, énergiquement défendue. L'aile gauche opérait en deux colonnes par la rue Saint-Jacques et par la rue Saint-Victor, s'étendant dans la Cité jusqu'à l'Hôtel-Dieu, et cherchant à franchir le pont Saint-Michel et le Pont-au-Change. Mais enfin des dispositions de défense avaient été prises, les troupes, la garde nationale, la garde mobile, repoussaient les attaques au prix du sang le plus précieux, s'emparaient de Saint-Séverin, de la place Maubert et de la rue Saint-Victor.

A l'entrée de la rue Planche-Mibray, du côté du Pont-au-Change, s'élevait une barricade énorme, qu'on essaya vainement d'enlever à la baïonnette. Il fallut employer le canon, et toute la nuit du vendredi au samedi se passa avant qu'on pût s'en emparer, ainsi que de celles qui avaient été élevées dans la rue Rambuteau et dans les rues adjacentes.

Une fois les abords de l'Hôtel de ville dégagés, au prix de pertes, hélas ! trop cruelles, le général Duvivier commença l'attaque des rues qui avoisinent l'église Saint-Gervais et la rue Saint-Antoine.

Ici encore la lutte fut longue et meurtrière ; il fallut enlever une à une les maisons, et quand on y était entré, on les trouvait vides, et les soldats s'égaraient en recherches inutiles ; car les insurgés avaient pratiqué des communications introuvables avec les maisons voisines, et qui se ramifiaient jusqu'à la hauteur de la rue Geoffroy-Lasnier.

Le canon dut faire son œuvre de destruction pendant toute la journée du samedi et pendant toute la nuit du samedi au dimanche. Le 25 au matin, nos troupes s'étaient avancées jusqu'à la rue Saint-Antoine.

A sept heures, le général Duvivier fut blessé au pied, au moment où il allait poursuivre le succès de son attaque.

Le général Perrot lui succéda, et, pendant toute la journée du dimanche, poussa avec activité la marche de nos colonnes vers la place de la Bastille, où il devait faire sa jonction avec le général Lamoricière, ce qui eut lieu dans la soirée.

Sur la rive gauche, le général Damesme attaquait avec non moins de vigueur.

Au Panthéon s'engagea un des combats les plus furieux de ces cruelles journées. Un bataillon de la garde mobile, écrasé par le feu des maisons environnantes, se réfugia dans les bâtiments de l'École de Droit. On arrivait en force à leur secours avec du canon, lorsque se présente une troupe nombreuse que l'on prend pour de la garde nationale à cause des uniformes. C'était les révoltés de la 12e légion ; ils profitent de l'erreur pour faire une décharge qui tue beaucoup de monde, et au milieu de la confusion ils s'emparent d'une pièce de canon. La colonne se reforme bientôt, leur reprend la pièce et les attaque dans le Panthéon, où ils se réfugient et où ils avaient préparé tous leurs moyens de défense. Nous ne saurions décrire tous les épisodes, toutes les phases meurtrières de cette affaire, où le canon seul a pu triompher d'une résistance opiniâtre qui prendrait le nom d'héroïque dans une meilleure cause.

Nous ne pouvons nous étendre sur les sanglantes affaires du clos Saint-Lazarre, du faubourg du Temple et du faubourg Saint-Antoine. Nous en avons déjà donné le récit. C'est surtout sur ces points que se sont distinguées les gardes nationales des départements.

La dernière série de tous ces combats de quatre jours a eu pour théâtre, comme on sait, le faubourg Saint-Antoine, dont la nombreuse population ouvrière, fanatisée par les chefs de l'insurrection, par les ambitieux qui rêvaient le pouvoir, était livrée à toutes les fureurs d'une guerre d'extermination. On a dû attaquer ce vaste quartier par trois colonnes appuyées d'une formidable artillerie dont les détonations redoublées ébranlaient tout le faubourg et retentissaient au loin dans Paris.

Pendant qu'on se battait sur la place de la Bastille, à l'entrée du faubourg, les insurgés refoulés du faubourg du Temple et du boulevard, se retranchaient de l'autre côté du canal. Les chefs avaient très-bien calculé que cet obstacle pouvait devenir pour eux comme le fossé d'une vaste citadelle. En arrière, ils avaient révolutionné la commune de Belleville qui leur servait de point d'appui et couvrait leur dernière retraite. Acculés enfin aux barrières, ils se sont encore défendus sur plusieurs points du mur d'octroi avec acharnement. Ils avaient élevé des barricades au dehors, ils avaient percé des meurtrières dans le mur. C'est seulement pied à pied qu'on a pu débusquer ces furieux de toutes leurs positions.

Le tableau que nous venons de tracer reste encore bien incomplet. Mais pendant plusieurs jours encore, nous aurons à enregistrer les faits d'armes et les traits héroïques des défenseurs de l'ordre. Répétons avec douleur ce que nous avons déjà dit et ce que tout le monde sait, que jamais la guerre civile ne s'était manifestée parmi nous aussi redoutable, aussi violente, aussi furieuse, et que jamais autant de sang français n'avait été répandu par des mains françaises. Le nombre des victimes de part et d'autres est immense. Quelques personnes l'évaluent à un total de 10,000 hommes, tant tués que blessés. La plupart des blessures sont horribles. Pour l'évaluation générale des pertes, il suffit de compter les généraux atteints. Sur dix généraux qui avaient des commandements, onze ont été frappés, dont cinq ont été tués. Voici leurs noms : tués, les généraux Négrier, Renaud, Bougon, François et Bréa ; blessés, les généraux Bedeau, Duvivier, Damesme, Korte, Lafontaine, Fouché ; n'ont pas été atteints, les généraux Lebreton, Perrot et Lamoricière. Ce dernier a eu deux chevaux tués sous lui. Les anciens militaires assurent que jamais dans les batailles de l'Empire, la proportion des généraux tués et blessés n'a été aussi considérable, et que jamais dans les assauts livrés à des places fortes ou à des redoutes on n'avait perdu autant de monde qu'aux barricades de Paris dans les terribles affaires de juin.

———

Et maintenant que sur le théâtre encore fumant de cet épouvantable drame chaque citoyen peut lire la ruine et la désolation ; maintenant que nos rues désertes et nos maisons déchirées, renversées par le fer et le plomb, n'exhalent plus qu'une odeur de mort ; que le deuil est dans toute conscience honnête, que tout ce qui porte un cœur français ne retrouve la voix que pour maudire : qu'on nous dise de quel côté sont ceux qui, par une connivence coupable ou par une faiblesse qui n'a pas d'excuse, ont laissé accomplir de telles monstruosités ? Ah ! si leur cœur gangrené ne voit là qu'une bataille perdue, qu'un échec réparable, qu'ils tremblent, car l'œuvre de Dieu ne saurait périr, et notre sainte République est fille de Dieu. L'homme meurt, l'humanité reste.

FIN.

Paris. — Typographie de E. et V. PENAUD frères, rue du Faubourg-Montmartre, n° 10.

PANTHÉON DES

MARTYRS

DE

LA LIBERTÉ

OU HISTOIRE DES

RÉVOLUTIONS POLITIQUES

ET DES

PERSONNAGES QUI SE SONT DÉVOUÉS POUR LE BIEN ET LA LIBERTÉ

DES NATIONS

PAR M. LUCIEN BESSIÈRES

DESSINS DE R. DE MORAINE

LÉONIDAS, HARMODIUS, SOCRATE,
JÉSUS-CHRIST, DÉCIUS, BRUTUS, SPARTACUS,
ABAILARD, JEANNE D'ARC, JORDANO BRUNO, VANINI,
MAZANIELLO, D'ASSAS, GUILLAUME TELL, J.-J. ROUSSEAU,
LES GIRONDINS, LES MONTAGNARDS,
RÉVOLUTIONS DE POLOGNE, ÉTATS-UNIS, ESPAGNE, PORTUGAL,
BERTON, SILVIO PELLICO, LES QUATRE SERGENTS DE LA ROCHELLE,
27, 28, 29 JUILLET 1830, BÉRANGER, DANIEL O'CONNELL,
LES FRÈRES BANDIERA, PIE IX, SICILE,
23-24 FÉVRIER 1848.
Insurrection sanglante des 23, 24, 25, 26 juin 1848,
DÉVOUEMENT DE L'ARCHEVÊQUE DE PARIS ET DES HÉROS
MORTS POUR LA CAUSE DE L'ORDRE ET DE LA LIBERTÉ.

Cet ouvrage formera **4** splendides volumes grand in-8° jésus, glacés et satinés, illustrés de **32** magnifiques gravures sur acier, dessinées par de Moraine et gravées par Ferdinand.

On peut souscrire par livraisons ou par volumes.

LE TOME 1er EST EN VENTE AU PRIX DE **10** FRANCS.

Paris.—Typographie de E. et V. PENAUD frères, rue du Faubourg-Montmartre, 10.